Manual de Derecho Laboral
Parte I

Mtro. Luis Fernando Narváez Cázares

Editorial., 2016

1ª edición

Editado por Editorial

Dedicado a todos mis alumnos,
mi familia, colegas.

Índice

1.- Introducción al derecho en General.

Objetivo: Orientar al lector en la teoría general del derecho a fin de que cumpla con las necesidades conceptuales y mejore su habilidad de lectura técnica para beneficiar su estudio del libro.

El conocimiento del derecho, en todos los sujetos que conformamos el Estado mexicano, nos acerca a una sana convivencia y, por ende, al mejoramiento de nuestras relaciones sociales, que eventualmente se verán reflejadas en un sentido de pertenencia y respeto al mismo, sea cual fuere el territorio en donde nos encontremos como naturales y, mejor aún, cuando nos desplazamos a otros, precisamente por la bien conocida existencia de múltiples formas de vida y comportamiento, basados en la historia pluricultural y enriquecedora que tiene nuestro país.

Para ampliar, se entiende la vigencia de la teoría del contrato social, de carácter político, y cuyo exponente principal es Jean-Jacques Rousseau, en donde se presume la existencia de un acuerdo implícito en donde los sujetos que integran un Estado renuncian a su libertad, en sentido relativo, restringiéndola para someterse a un orden ya establecido, mientras el Poder Público es el encargado de su vigilancia.

Lo anterior se mezcla con nuestra realidad actual del derecho, en donde, si bien se incluyen prerrogativas inalienables a la persona, conocidos como derechos fundamentales, existen otros que limitan las actividades y que varían de acuerdo a la época y territorio.

1.1 Concepto, naturaleza y características del derecho.

La existencia de la norma jurídica es prioritaria para que el sujeto se desenvuelva en beneficio de sus actividades dentro del conjunto social y, aún más, para que la autoridad, desde sus diferentes y variadas facultades las aplique en los asuntos concretos que requieran respuesta para mejorar los vínculos entre las personas (derecho privado) o ellas y el Estado (derecho público).

En cada comunidad conocida desde tiempos lejanos, se han visto sus habitantes en la necesidad de establecer una serie de principios y reglas que mejoren los tratos que se puedan generar dentro de la misma y mostrando este catálogo a quienes forman parte y quienes no, para que lo acaten. Esto nos lleva a aceptar la necesidad de fabricar los documentos que habrán de contener reglas específicas para las actividades y procesos a seguir por los habitantes, formando así lo que conocemos como ordenamientos jurídicos.

Para definir al derecho podemos partir desde dos puntos de vista, el primero posicionándolo como ciencia, en que será el estudio, análisis y reflexión de los comportamientos humanos y las instituciones que forman, y las normas que se encargan de regularlos, en lo individual o como conjunto; y, en su segunda vista, es un conjunto de normas jurídicas creadas por un órgano especializado y basado en las facultades que le concede la Carta Magna y que tienen como fin la regularización de las actividades humanas. Aunque hablaremos de las dos, tomaremos la última definición para ocuparnos en este libro.

En base a la definición propuesta, el derecho se compone de distintas normas jurídicas, dispuestas por un órgano que en principio es el legislativo, a través de sus cámaras correspondientes en el Congreso y que en nuestro país se compone a nivel federal por Diputados y Senadores y en lo correspondiente a las entidades federativas, los Congresos Locales que lo forman los Diputados de la misma naturaleza, y que busca que las vinculaciones humanas sean de acuerdo a principios de orden, paz, justicia y seguridad. Lo que nos lleva ahora a otras definiciones.

En primer lugar, tenemos a la norma para ser definida, pero de eso me encargaré un poco más adelante; en segundo, hablamos de agrupaciones, es decir, ordenamientos que contienen distintos números de normas dentro de ellos y que son conocidos como ley, código, reglamento, entre otros, y por último enumero algunos principios que convienen que intervengan dentro de las relaciones sociales y los fines de las normas jurídicas para que unas y otras resulten provechosas. Así es que el orden se manifiesta como la correcta distribución de las cosas, en nuestro caso, de las personas y lo que ellas realizan, atendiendo a su naturaleza; la paz es el estado de tranquilidad que se vive en un territorio entre sus habitantes; la justicia, en atención a la definición de Justiniano es "dar a cada uno lo que le corresponde" y seguridad el sentido de tranquilidad y satisfacción de los sujetos por sentirse protegidos.

1.2. Normas, clasificación y características.

Ahora bien, determinado el concepto de derecho, podemos establecer una relación con su objetivo y fines, pero como intermedio, es necesario conocer una definición propia de norma, como uno de los elementos básicos de la materia.

Una norma es la regla bajo la cual un sujeto se comporta, o en lo plural, las normas son aquellos preceptos a las que deben subordinar sus actos en un espacio geográfico determinado y que puede tener naturaleza permisiva o prohibitiva. Sobre estas recae una clasificación esencial para la ciencia del derecho que viene a ser un punto de partida y cuya relación es estrecha, de lo que hablaré en el siguiente tema.

Para este libro, tomaré una de las clasificaciones que divide a las normas en tres áreas: Morales, Convencionales y Jurídicas, dirigidas, en lo individual, atendiendo a la época y espacio físico en donde se encuentren. Sobre las primeras, las normas morales, son aquellas que imponen a los sujetos comportamientos específicos pero que no provienen del exterior, sino que pertenecen a él mismo y que son determinados por los valores y consciencia, en un panorama subjetivo sobre lo que es bueno o malo, dando como ejemplo el no hacer trampa en los juegos que uno realiza con las personas, o no ver las conversaciones privadas cuando alguien deja su celular sin contraseña, además que la insubordinación no implica sanción.

Las normas convencionales o sociales, contrario a las anteriores, no suponen un sentido estrictamente autónomo, pues se encuentran determinadas en la sociedad para beneficiar el trato entre los sujetos de la misma y, aunque tampoco imponen sanción de parte del Estado por incumplimiento, sí producen cierto rechazo por parte de quienes rodean al infractor. El ejemplo en esta clasificación es el abrir la puerta del coche a una dama o ceder el asiento a una persona de la tercera edad cuando en el transporte público no hay espacio.

Por último, las normas jurídicas, creadas, como mencioné antes, por un órgano o la autoridad en general, son las que, otorgando deberes o imponiendo obligaciones, regulan la conducta del hombre en la sociedad y cuyo desacato si trae aparejada una sanción que deberá aplicarse y cumplirse una vez que el Poder Público lo determine.

Dentro de los tres tipos de normas que hemos incluido, encontramos elementos comunes y diferenciadores, en lo primero tenemos que buscan el buen comportamiento del ser humano, en anhelo de orden social y, como diferencia, dos de ellas, las morales y las sociales, no imponen sanción al infractor, mientras que las jurídicas si lo hacen.

Para lograr una mayor comprensión incluyo una serie de características de cada una de las normas que definimos:

Normas morales: No están escritas ni claramente definidas pues su existencia depende del sujeto que las toma, en base a criterios personales; por ese mismo sentido, las normas morales son aceptadas en lo individual por convicción y, por último, su incumplimiento tiene como consecuencia un sentido de malestar para el sujeto en su consciencia.

Normas convencionales: No están definidas ni hay autoridad que sancione su incumplimiento; al igual que las morales no son obligatorias; el incumplimiento produce rechazo de la sociedad y, al contrario, el acercamiento de la misma.

Normas jurídicas: Son obligatorias; un órgano del Estado se encarga de su creación y, como consecuencia, existen sanciones en caso de incumplimiento; son generales, es decir, que todo aquel que se encuentre en el territorio en donde se hayan creado deben someterse a ellas.

Otras características son las que a continuación se mencionan.

Bilateralidad y unilateralidad: En el primer caso, las normas, así como imponen deberes también otorgan derechos, y en el segundo sólo impone deberes.

Exterioridad e interioridad: La exterioridad se refiere a que, frente al sujeto, existe alguien que está facultado para obligarle al cumplimiento de una norma, mientras que la interioridad sólo acepta la consciencia del hombre como factor de cumplimiento de la misma.

Heteronomía y autonomía: La primera se refiere a que existe un órgano o elemento exterior que produce la norma y obliga al sujeto, mientras que la autonomía es la capacidad para decidir en forma libre cuáles son los comportamientos a los que se obliga cada uno.

Coercibilidad e incoercibilidad: La coercibilidad es la posibilidad de utilizar la fuerza para el cumplimiento de una norma y su antónimo, la incoercibilidad, establece que no puede existir forma en que se obligue al cumplimiento.

1.3. Fuentes del derecho.

De acuerdo a su sentido general, fuente significa origen o lugar desde donde algo nace y, en derecho, esta acepción se aplica para referirse a aquel lugar desde donde se crea el derecho.

Si bien ya conocemos la definición del derecho y su fin principal, que es la regularización de las relaciones humanas, es necesario comentar de nuevo que la misma creación viene ligada a la búsqueda y alcance del orden que, cuando prevalece, la sociedad requiere para participar activamente en los asuntos estatales que a todos importan y cuyo beneficio será un crecimiento en las distintas áreas del mismo.

En México las fuentes del derecho se clasifican en tres partes iniciales:

a) Fuentes reales,

b) Fuentes históricas, y

c) Fuentes formales.

Las primeras, las fuentes reales, son las que van a determinar el contenido de las normas jurídicas por ser eventos sociales o circunstancias territoriales que incitan e inician la actividad legislativa, por ejemplo, la revolución mexicana. Las fuentes históricas, aunque pudieran parecer símiles en naturaleza a las anteriores, son en realidad todos los documentos que nos ayuden a conocer y comprender el derecho vigente en otro tiempo, cuyo contenido produce la inspiración necesaria para que el legislador inicie su actividad principal que la Carta

Magna le designa, como ejemplo es la Constitución de Cádiz o las Leyes de Reforma.

Por último, las fuentes formales son todos los procesos adecuados para la formación de nuevas normas jurídicas, que constan de distintos pasos y que son precisamente el tema que estudiamos.

Dentro de esta clasificación, en las fuentes formales, están incluidos los siguientes elementos:

1.   La Legislación: Esta es la fuente de mayor importancia en nuestro derecho pues se refiere a los procesos que lleva a cabo el órgano legislativo para crear nuevas normas jurídicas de carácter general.

La creación del derecho por parte del poder legislativo, en nuestro país, le corresponde en primer lugar al congreso general y está determinado en forma general en los artículos constitucionales números setenta y uno y setenta y dos, aunque también pueden tener esta posibilidad, de acuerdo al numeral setenta y uno del mismo ordenamiento el Presidente de la República o los ciudadanos, bajo reglas y requisitos distintos.

El proceso legislativo, en el mismo orden de ideas, se compone de distintas etapas que en lo general son: Iniciativa, Discusión y Aprobación, Promulgación y Publicación. Dentro de cada uno se realizan ciertos actos para fortalecer el orden jurídico.

Es bueno mencionar que nuestra Constitución además prevé un modo distinto para modificarla al que se utiliza para todos los demás ordenamientos, por ello se le considera como una Constitución Rígida, pues una vez que termina el proceso dentro del Congreso General, las modificaciones o reformas constitucionales deben ser aprobadas por al menos la mitad más una de los Congresos Locales.

2.   La Costumbre: Como costumbre entendemos a cada acto que se ejecuta dentro de un grupo social y que por su uso reiterado y aceptado por sus miembros es considerado como obligatorio. Ahora bien, es preciso decir, como lo mencioné en los distintos tipos de normas, que la norma convencional no implica la aplicación de una sanción de la autoridad una vez que se violenta, por no tener carácter obligatorio, y este es el caso. Aun así, dentro del derecho mexicano, en algunos ordenamientos jurídicos, se indica que, en caso de no existir una norma aplicable a un caso en concreto, podrá ser utilizada la costumbre. Por ello, en el derecho mexicano, se considera a la costumbre como fuente del mismo.

3.   La Jurisprudencia: La interpretación del derecho es un ejercicio que, aunque puede ser ejercido desde la actividad privada, les corresponde originalmente a los poderes y, en concreto, al judicial, como ejercicio de búsqueda del sentido y extensión del mismo dentro de una norma jurídica.

Para nuestro derecho, la jurisprudencia es considerada como fuente por nacer desde el órgano judicial mediante la interpretación y que, como resolución, tiene carácter obligatorio, de la forma en que lo establece el artículo 94 de nuestra Constitución Política Federal.

Entonces, diré que en realidad la jurisprudencia no crea en forma directa una norma jurídica, sino que (atendiendo al debido proceso para que tome tal consideración) encuentra el sentido de una disposición, y al momento de establecerse, los demás cuerpos judiciales deben aplicarla.

4.   La Doctrina: Esta parte de las fuentes formales se compone de todos los estudios científicos que la comunidad investigadora de la ciencia realiza y que, como opiniones de expertos, puede tomar parte en la vida jurídica si la legislación le concede ese privilegio.

5.   Los principios Generales del Derecho: El uso de los principios generales del derecho se menciona en nuestra Constitución en el artículo número catorce, al establecer que en caso de falta de precepto aplicable pueden ser de uso, mas no para crear una nueva norma, sino para orientar al juzgador en la toma de decisión.

A modo de definición, estos son aquellas sentencias que la ciencia del derecho ha tomado como "verdades indiscutibles" y que puede utilizar el juez para "ayudarse a tomar una decisión sobre la resolución de un caso", pero que no deben contravenir el orden jurídico positivo.

1.4. Acepciones de la palabra derecho.

He dado al inicio de este texto dos definiciones generales a la palabra derecho, utilizando como punto de partida la que le refiere como un conjunto de normas que regulan la actividad humana; sin embargo, para el estudiante de derecho no es suficiente conocerla como única pues deben de considerarse algunas otras acepciones que son necesarias para comprender algunas clasificaciones o subniveles de la misma. En este apartado las mencionaré.

La palabra acepción se refiere a las distintas formas desde las cuales se puede definir una palabra, en el caso del derecho encontramos las siguientes:

1.

2. Derecho objetivo y derecho subjetivo.

El primero es el conjunto de normas reguladoras como tal, son los ordenamientos jurídicos y el segundo es la prerrogativa o bien protegido que encierra cada norma jurídica, así como la facultad para solicitar al Estado el respeto de la misma.

3. Derecho positivo y derecho vigente.

El derecho positivo es la norma jurídica que, creada por el poder, es obligatoria para los habitantes en el territorio, y el derecho vigente se refiere a las normas que tienen validez durante un espacio y tiempo determinado, es decir, las normas que no han sido derogadas.

4. Derecho público y derecho privado.

Sobre el derecho público podemos decir que se compone por todos aquellos ordenamientos jurídicos que regulan al poder y sus órganos e instituciones, sobre el funcionamiento y actividades a realizar, así como la interacción de ellos con los individuos y la sociedad; en el segundo, los ordenamientos jurídicos que lo conforman se encargan de regular las actividades entre los particulares y las relaciones que se generen entre ellos, otorgándoles un sentido de igualdad.

1.5. Clasificación del derecho.

En el apartado anterior mostré algunas de las diferentes acepciones que le corresponden al término derecho, haciendo una principal separación entre el derecho público y el privado, ubicándolos a cada uno con sus respectivas definiciones.

Ahora, integro al derecho social como parte de una de las clasificaciones del derecho, como el que se conforma de los ordenamientos que tienden a salvaguardar a los individuos en forma grupal o colectiva. A continuación, mencionaré las materias que forman parte de cada una de estas divisiones y sus respectivos comentarios.

1. Derecho Público.

a. Derecho Constitucional: Se encarga de la organización del Estado en lo que corresponde a sus poderes, órganos y funciones, así como todo el orden jurídico y los derechos fundamentales de los individuos.

b. Derecho Administrativo: Al igual que el derecho constitucional, el administrativo se encarga de regular la actividad del Estado, pero en particular a la función administrativa, a cargo del Poder Ejecutivo, y sus instituciones, como también la relación que tiene con las personas.

c. Derecho Penal: Es el conjunto de normas jurídicas que se integra por el catálogo de conductas que el Estado considera delictivas y contrarias al orden social, junto a sus respectivas sanciones. La parte práctica de este es el Derecho Procesal Penal.

d. Derecho Procesal: Para definir y regular los procesos y actos dentro de un proceso jurisdiccional, en el Derecho Procesal se contienen los ordenamientos destinados a este fin, además de hacer mención a los requisitos, condiciones y formas en que deben llevarse a cabo.

e. Derecho Fiscal: Para beneficio del Estado y los fines que persigue, el derecho fiscal se encarga de regular lo relativo al poder tributario del mismo, para que obtenga los ingresos suficientes y que determinarán el desarrollo de sus actividades conforme a lo que esperan los administrados.

2. **Derecho Privado.**

a. Derecho Civil: Contiene normas regulatorias a las actividades entre los particulares, como las referentes a las propiedades y las personales.

b. Derecho mercantil: Sus ordenamientos se encargan de regular las actividades que son consideradas comerciales por ellos mismos y que se realizan por quienes llevan el nombre de comerciante.

3. **Derecho social.**

a. Derecho Agrario: Conjunto de normas y disposiciones que tienen como objetivo regular la organización territorial, la propiedad y actividades agrarias.

b. Derecho Económico: Complejo de normas que se encargan de la intervención pública y privada del uso e instrumentos jurídicos en lo relativo a las políticas económicas.

c. Derecho de seguridad social: Sistema de protección a la comunidad, en donde el Estado garantiza a las personas que la conforman la protección y cuidado ante diversas contingencias que la misma ley marca.

d. Derecho del trabajo: Conjunto de normas que regulan la actividad obrero-patronal, vigilando por las autoridades que la ley involucra.

1.6. Aplicación de la ley en el tiempo y en el espacio.

La aplicación de la ley se da a la actividad del sujeto a quien va dirigida, y a nivel de espacio o territorial responde al lugar al que haya sido asignada la norma jurídica por el órgano creador. En México, tenemos leyes federales cuya obligatoriedad se extiende por todo el territorio nacional y las locales, las que su vigencia está delimitada al estado federado en que se generó.

Sobre la aplicación temporal, decimos que es la que debe darse a los actos que se realizan desde la entrada en vigencia de una norma, hasta el término de la misma. Vimos en páginas anteriores que la modificación de la norma jurídica se da a través del llamado proceso legislativo y cuyo órgano de creación, el Poder Legislativo, realiza una serie de pasos encaminados a lo mismo. En lo anterior se basa, precisamente, la aplicación en el tiempo de la norma, pues esta será atendida mientras el legislador la integra al orden jurídico positivo y hasta que la derogue.

1.7. Hechos y actos jurídicos.

Dentro de los conceptos jurídicos fundamentales tenemos dos en los que se encuentran importantes relaciones con actividades de las personas: Hechos y Actos Jurídicos.

Es así que definimos al hecho jurídico como aquella circunstancia natural o humana que produce consecuencias de derecho sin la intención de que esto ocurra. Para extender la definición presento su clasificación:

1. Hechos jurídicos de acuerdo a su naturaleza: Se refieren a desde donde se producen. Pueden ser:

a. Naturales: Fenómenos de la naturaleza.

b. Humanos: Por las personas.

2. Hechos de acuerdo a sus efectos:

a. De eficacia principal: Producen efectos por sí mismo, que pueden constituir o extinguir una relación.

b. De eficacia secundaria: Dependen de otra circunstancia.

Respecto a los actos jurídicos, estos son aquellos que se llevan a cabo y efectivamente se generan con la intención de producir efectos jurídicos, como crear, modificar o extinguir derechos.

La clasificación es:

Formales: Requieren de ciertos elementos contenidos en la ley para su eficacia y, por otra parte, los no formales pueden darse sin solemnidades.

Positivos y negativos: Los primeros crean, modifican o extinguen la relación jurídica y los segundos implican la abstención.

Bilaterales y unilaterales: Para su realización, los bilaterales necesitan que sean dos partes quienes expresen su voluntad, mientras que en los unilaterales sólo se requiere de una.

Actividad 1.
1.- Proponga una definición para cada uno los siguientes términos: **a. Derecho**   **b. Fuentes del Derecho**   **c. Norma jurídica**   **d. Acto jurídico.**
2.- Compare sus definiciones con las expuestas en el Diccionario Jurídico de Rafael de Pina y reflexione.

2.- Apuntes históricos del derecho social en México (acentuación al derecho laboral).

Objetivo: Involucrar al participante en las distintas etapas históricas a nivel mundial y nacional que gestaron y provocaron la modificación del Derecho Laboral que hoy rige en nuestro país.

2.1. El trabajo humano y su evolución.

Se ha definido anteriormente en este libro al trabajo como el esfuerzo humano, físico o mental, destinado a la obtención de un fin, cuyos sujetos, patrón y trabajador, se encuentran vinculados bajo un régimen de subordinación.

Pero el trabajo no siempre fue considerado como derecho humano ni los procesos o elementos que lo constituyen valorados en principios de dignidad y respeto.

Dividiré este punto en tres ejes:

1.- Tipos de trabajo.

En el transcurso de la historia, el trabajo paso de ser manual, especializado y en gran medida poco agradable para el trabajador por desarrollarse en espacios que no generaban bienestar para el mismo, hasta que llegó el uso de las máquinas y herramientas tecnológicas que mejoraban los procesos y la motivación de los empleados crecía, en colaboración con los patrones.

2.- Lugares de trabajo.

De espacios abiertos, insalubres e incómodos para el desarrollo de actividades, las funciones obtuvieron mejores resultados al presentarse lugares en que el trabajador sentía seguridad y confianza, con el uso de elementos necesarios para lugares cerrados o en los que no lo eran, la existencia de medidas apropiadas de seguridad.

3.- Relaciones entre patrones y trabajadores.

Si bien es cierto que la existencia de un sistema jerárquico y de división de funciones ha sido necesario para el correcto desarrollo de los procesos, en tiempos lejanos, fuera de mantener una organización, las partes que intervienen en la relación laboral se encontraban en puntos de choque, cuando no se respetaban los sujetos ni sus puestos, las cadenas de mando y niveles de autoridad eran poco flexibles e intolerantes, no contaba el trabajador con motivación para trabajar y esto redundaba en la falta de compromiso con los centros de trabajo, los materiales o herramientas y el gusto por las actividades.

Hoy, con la existencia de normas nacionales e internacionales que atienden a las necesidades humanas del trabajador como hombre y de la importancia del bienestar de este para el desarrollo nacional, se presentan nuevas dimensiones en las organizaciones, donde las estructuras son flexibles, los miembros tienen mayor capacidad de comprensión y empatía unos con otros, son valoradas las ideas.

No tenemos duda que la evolución, tanto material como jurídica se ha evidenciado en mayor productividad y calidad en bienes y servicios, pero, sobre todo, en una actitud positiva del ser humano que trabaja frente al Estado y sus Instituciones.

2.2. El nacimiento del derecho del trabajo.

El derecho del trabajo es resultado de una serie de eventos individuales y colectivos, que se gestaron en la historia de la subordinación de las personas frente a quien requería a otros para llevar a cabo actividades económicas dirigidas a la obtención de un beneficio.

En este apartado dedicaré el espacio a mencionar algunos hechos determinantes para la formación del derecho en el mundo.

1775: Revolución Industrial.

1778: Revolución Francesa.

1791: Ley Chapalier.

1810: Movimiento obrero conocido por el nombre del Ludismo.

1829: Se crean las primeras Cooperativas, sociedades industriales de trabajadores.

1829: John Doherty funda la Gran Unión de los Hiladores y Tejedores a Destajo de Gran Bretaña.

1830: Aparece el sindicalismo en Francia, bajo el nombre de Syndicat.

1864: Se crea la Asocación Internacional de Trabajadores en Londres.

1889: Se crea la Segunda Internacional, en París.

1912: Se funda el Departamento del trabajo en México.

2.3. Fuentes del derecho del trabajo.

Como se ha expuesto en este libro, el derecho responde a los sentidos de la época, en su necesidad evolutiva. Para esto, se consideran algunas de las formas desde donde sucede y que son llamadas Fuentes del Derecho, las cuales son lugares y formas desde las que se origina.

La clasificación para el Derecho Laboral, en sus fuentes, la presentaremos como triple, que son: Materiales, históricas y reales.

Dentro de las fuentes materiales se encuentran los elementos de cambio a nivel político, social, económico, cultural, etc., como lo fue la Revolución Industrial, a nivel mundial, o la Revolución Mexicana en nuestro país, por ejemplo.

Las históricas se integran por aquellos documentos que fungen de guía y base para la formulación de la norma, puede ser de esta forma la Declaración del Hombre.

Por último, las reales son los procesos de creación desde su órgano facultado.

2.4. Formación del Derecho del Trabajo en México.

En la historia ha sido notable el esfuerzo de líderes trabajadores que partiendo consigo mismos u organizados junto a otros han preparado un camino largo pero eficiente en el nacimiento y la transformación del Derecho Laboral y México no carece de ellos, ni de grandes y benéficos resultados. A continuación, exploramos los momentos históricos de mayor relevancia:

1780: Las Leyes de Indias establecen edad mínima de trabajo, jornada de ocho horas, salario obligatorio.

1815: Los Sentimientos de la Nación incluyen contenido sobre la importancia del trabajo.

1906: Huelas de Cananea y Rio Blanco.

1912: Apertura del Departamento del Trabajo.

1914: En Aguascalientes se establece el descanso obligatorio.

1915: Se promulga en Veracruz la Ley de Asociaciones Profesionales.

1917: Se incluye en la Constitución el Derecho al Trabajo (artículo 123).

1927: Se creó la Junta Federal de Conciliación y Arbitraje (JFCA) con el propósito de reglamentar la competencia en la resolución de conflictos laborales en el ámbito federal.

1931: Primera Ley Federal del Trabajo.

1970: Segunda Ley Federal del Trabajo.

1974. El Fondo de Fomento y Garantía para el Consumo de los Trabajadores (Fonacot).

1980: Se mejoran los sistemas para conflictos colectivos, el trabajador puede omitir el nombre del patrón, debiendo mencionar el domicilio del trabajo, Se obliga al demandado a contestar la demanda, Las audiencias pueden ser públicas.

2003: Publicación del Reglamento Interior de la STPS.

2012: Primer gran reforma a la Ley Federal del Trabajo de 1970.

Actividad 2.

1.- Desde su perspectiva, conteste las siguientes preguntas:

a. ¿Cuál fue el origen natural del Derecho del trabajo?

b. ¿Cuáles son las distintas fuentes del trabajo?

c. ¿En qué medida ha sido benéfica la evolución del trabajo y las formas de prestarlo en nuestro país?

2.- Reflexione y comente: ¿Los logros y las luchas de los trabajadores han ido de la mano o una se sobrepone a la otra en la historia mexicana?

3.- Conceptos Básicos del Derecho laboral.

Objetivo: Promover la reflexión sobre las distintas acepciones de los términos más comunes en el mundo laboral, a nivel teórico y práctico.

El derecho laboral pertenece a la parte del derecho social por ser protector de masas trabajadoras y que integra además a los patrones y empresas e instituciones y procedimientos encargados de la resolución de asuntos relativos a las relaciones entre las figuras de la materia.

A partir de la revolución industrial es que se inicia un camino tendiente a la creación de normas jurídicas que protejan al trabajador pues al pasar de talleres artesanales a fábricas, los procesos implicaban un deseo de mayor producción, por lo que eran comunes las faltas a la salud, integridad y dignidad humana y, en nuestro país, a partir de la Constitución Política Federal del año 1857 se menciona la protección que deriva en el artículo 123 de la de 1917 y la posterior promulgación de la Ley Federal del Trabajo, durante la tercera década de 1900.

En la historia se han creado distintos y variados conceptos para la materia, además de figuras que, sin dudarlo, no pueden dejar de ser concebidas en la relación laboral. En este capítulo veremos las de mayor trascendencia en nuestra legislación.

3.1. Definición de Derecho Laboral.

Mario de la Cueva nos presenta su definición de derecho del trabajo que *"en su aceptación más amplia, se entiende como una congerie de normas que, a cambio del trabajo humano intentan realizar el derecho del hombre a una existencia que sea digna de la persona humana"* y Néstor del Buen Lozano, por su parte, propone que *"derecho del trabajo es un conjunto de normas relativas a las relaciones que directa o indirectamente derivan de la prestación libre, subordinada y remunerada, de servicios personales, y cuya función es producir el equilibrio de los factores en juego mediante la realización de la justicia social".*

En este texto atendemos ambas definiciones para indicar que, en efecto, el derecho de trabajo surge para regular las relaciones obrero patronales con el fin de que la actividad subordinada de uno y otro merezca remuneración suficiente que asegure la dignidad del hombre como ser humano, basado en el equilibrio de las partes y en una serie de principios que se consideran indiscutibles para su integración.

3.2. Importancia del artículo 123 constitucional y sus apartados.

El artículo 123 de la Constitución Política Federal es uno de los de mayor extensión y de gran importancia. Reformado veintiséis veces.

Este numeral ha resultado de los distintos movimientos sociales que se han generado en la historia de nuestro país pero el mas importante fue la Revolución Mexicana, precisamente con participación de los sectores para los que regula la actividad, los trabajadores en principio, para otorgarle mejores condiciones en las relaciones laborales y que los procesos que se lleven a cabo en torno a ellas sean justos y adecuados, en atención a los principios de la materia y el derecho nacional e internacional. El contenido del artículo constitucional se divide para la función del trabajo en dos aparatados. El A que habla sobre tipos de relación de trabajo en que las personas se involucren con la industria y el B sobre las relaciones entre los trabajadores y los Poderes de la Unión.

Es imperante señalar que ha existido duda sobre el artículo cinco de la carta magna y el que comentamos, puesto que los dos tienen la misma naturaleza; sin embargo, la diferencia esencial radica en que el primero establece la libertad individual para acercarse a la actividad laboral que mejor se acomode a las necesidades del sujeto y, el segundo, sobre las leyes relativas y los elementos que contendrán para el desarrollo de las actividades laborales.

3.3. Principios del derecho laboral.

Como se dijo en la definición de Derecho Laboral antes expuesta, las relaciones de esta naturaleza se encuentran protegidas por una serie de principios que darán a la autoridad un panorama claro y concreto para beneficiar a la parte que corresponda con sus decisiones. En los siguientes párrafos comentaré los que se encuentran en nuestra Constitución Política Federal y la ley de la materia.

a) El Trabajo como derecho y deber: En nuestra constitución, articulo número 123, se establece que todas las personas tienen la oportunidad de tomar un empleo a favor de su contexto, al resultar el principal medio de subsistencia para las personas y por el cual logrará encontrar beneficios a su entorno y el de su familia.

b) Libertad en el empleo: Sobre este principio habla el articulo número cinco constitucional al exponer que a todas las personas tienen la libertad para elegir la actividad laboral que mejor les convenga para su desarrollo. En el mismo numeral, determina el constituyente que aun con este derecho, los sujetos están obligados a que la actividad sea licita y, además, no se encuentre impedido por determinación judicial o resolución administrativa.

Por lícito se entiende "lo que está permitido por la ley".

c) Igualdad: En el desarrollo de sus funciones, dentro de la relación laboral y para tener acceso a ella, se integra un principio de igualdad que se refiere a que todos los sujetos tienen la misma posibilidad para ocupar un trabajo y que la decisión de otorgarlo no debe basarse en asuntos discriminatorios o separatistas. Es preciso aclarar que, aunque nuestra misma Constitución dice que los mexicanos tienen privilegios sobre los extranjeros, esto no representa una limitante al principio en cuestión, pues resulta lógica la protección directa y en primer grado a los nacionales, sobre todo si los empleos vacantes son relativos a la actividad pública.

d) Estabilidad en el empleo: Siempre que un sujeto tenga la capacidad y reúna los requisitos necesarios para formar parte en una relación laboral en un puesto, el derecho laboral le protegerá en conjunto, con el principio de derecho y obligación para el trabajo, siendo esta la naturaleza de la estabilidad en el empleo.

e) Aplicación de la norma más favorable para el trabajador: Como ya lo mencioné en otro apartado, nuestro artículo 123 constitucional se compone de dos partes, cada una de ellas dedicada a una relación laboral concreta, siendo la segunda la dedicada a las personas vinculadas al Estado. El principio que toca protege al trabajador con la seguridad de que a este será aplicada la legislación que mejor le favorezca en todo lo relativo a sus relaciones laborales.

f) Suplencia de la queja: En los conflictos laborales existe la posibilidad de que el trabajador cometa un error en la integración de los archivos que debe enviar al juez, por lo que este, a modo de protección, este debe suplirlos en la medida que le sea posible.

3.4. Leyes del trabajo.

Lo que he mencionado como derecho del trabajo, y que todos conocemos, es el sentido general que se le da a la materia; sin embargo, para que esta logre llevar a cabo sus fines contenidos en las definiciones proporcionadas, el Estado debe generar a través de sus órganos facultados y en base a sus procedimientos, las normas adecuadas para ello.

En este punto menciono los ordenamientos jurídicos que forman parte del orden positivo mexicano y que tienen el fin anterior:

a) **Ley Federal del Trabajo:** Ver apartado La importancia del artículo 123 constitucional.

b) **Ley del Seguro Social:** En su artículo dos, la ley en cuestión menciona la finalidad de la seguridad social, donde se incluyen los servicios de salud, asistencia médica, la protección de los medios de subsistencia y los servicios sociales que resulten convenientes para brindar a los grupos y personas bienestar para desarrollar sus actividades, elementos de gran valor para el trabajador. Además, dispone la organización del seguro social como un organismo público descentralizado.

c) **Ley del Instituto de Seguridad y Servicios Sociales de los Trabajadores del Estado:** Ley destinada a la creación del Instituto que responde a las necesidades de seguridad social para quienes formen parte de relaciones laborales vinculadas al Estado.

d) **Ley General de Salud:** Reglamentaria del artículo cuarto constitucional, se encarga de garantizar el acceso al derecho a la salud y su materialización, así como regular las operaciones a niveles federal y local.

e) **Reglamento Federal de Seguridad y Salud en el Trabajo:** Dispone en su artículo número dos que su objeto es el de establecer las disposiciones en materia de Seguridad y Salud en el Trabajo que deberán observarse en los Centros de Trabajo, a efecto de contar con las condiciones que permitan prevenir Riesgos y, de esta manera, garantizar a los trabajadores el derecho a desempeñar sus actividades en entornos que aseguren su vida y salud, en atención a lo establecido en la Ley Federal del Trabajo.

Otras disposiciones son: la Ley Federal sobre Metrología y Normalización y el Reglamento para la Clasificación de Empresas y Determinación de la Prima en el Seguro de Riesgos de Trabajo y las Normas Mexicanas.

3.5. Conceptos de: Trabajo, patrón, trabajador, intermediario, empresa y establecimiento.

Para el derecho laboral, existen algunos conceptos que son necesarios conocer para alcanzar un mayor nivel de entendimiento en la materia, a saber, los siguientes:

Trabajo: Esfuerzo físico o intelectual que se ejecuta para lograr un objetivo. En derecho, está regulada por la ley respectiva y merece una remuneración.

Patrón: Recibe este nombre quien emplea a uno o más sujetos para que, bajo su orden, realicen actividad laboral.

Trabajador: Subordinado al patrón, lleva a cabo las tareas contenidas en el contrato laboral por las que se le paga un salario.

Intermediario: Podemos entender este concepto desde dos perspectivas. La primera dentro de la actividad laboral, como el que se emplea como puente entre el trabajador y el patrón; la segunda es la que se le designa al mediador entre los mismos sujetos y que busca lograr un acuerdo o solución sobre lo que se haya presentado.

Empresa: Es un complejo de capital humano, materiales y recursos cuya finalidad es participar en el mercado de bienes y servicios para obtener una ganancia sobre ello.

Establecimiento: Este es el lugar destinado a la comercialización de los bienes o servicios. Es un espacio de carácter comercial.

3.6. Autoridades del trabajo en la legislación laboral.

El título once de la Ley Federal del Trabajo, en su artículo número 523 enumera en fracciones a las que considera como autoridades en el derecho del trabajo y que son a quienes compete la aplicación de las normas en la materia.

I. La secretaria del trabajo y previsión social: De acuerdo con información pública de la dependencia, la Secretaría del Trabajo y Previsión Social, como dependencia del Poder Ejecutivo Federal, tiene a su cargo el desempeño de las facultades que le atribuyen la Ley Orgánica de la Administración Pública Federal, la Ley Federal del Trabajo, otras leyes y tratados, así como los reglamentos, decretos, acuerdos y órdenes del Presidente de la República, como de vigilar el cumplimiento de la normatividad en Seguridad y Salud en el trabajo en todo el territorio mexicano. Todas estas disposiciones tienen como fundamento al artículo 123 de la Constitución Política de los Estados Unidos Mexicanos.

II. Las Secretarias de Hacienda y Crédito Público y de Educación Pública: A la Secretaria de Hacienda le corresponde la intervención en lo relativo a la participación de utilidades de los trabajadores en las empresa y dictar resoluciones a las objeciones que formule el trabajador sobre las declaraciones hechas por el patrón, de acuerdo al procedimiento respectivo; mientras que la Secretaria de Educación Pública será vigilante del cumplimiento a las obligaciones a patrón relacionadas a la capacitación y adiestramiento de los trabajadores, en concordancia con la ley y coordinada con la Secretaria del Trabajo y Previsión Social.

III. Las autoridades de las entidades federativas: De acuerdo al artículo número 529 de la Ley Laboral, todo lo no comprendido en los artículos 527 y 528 les corresponde a las autoridades locales para aplicación de la norma, además de auxiliar, coadyuvar y participar con las demás autoridades y órganos del trabajo.

IV. La Procuraduría de la Defensa del Trabajo: De acuerdo al artículo 530, le corresponde a la procuraduría de la defensa del trabajo las funciones siguientes:

I. Representar o asesorar a los trabajadores y a sus sindicatos, siempre que lo soliciten, ante cualquier autoridad, en las cuestiones que se relacionen con la aplicación de las normas de trabajo;

II. Interponer los recursos ordinarios y extraordinarios procedentes, para la defensa del trabajador o sindicato; y

III. Proponer a las partes interesadas soluciones amistosas para el arreglo de sus conflictos y hacer constar los resultados en actas autorizadas.

V. El Servicio Nacional del Empleo, Capacitación y Adiestramiento:

I. Estudiar y promover la generación de empleos;

II. Promover y supervisar la colocación de los trabajadores;

III. Organizar, promover y supervisar la capacitación y el adiestramiento de los trabajadores; y,

IV. Registrar las constancias de habilidades laborales.

VI. La Inspección del Trabajo:

I. Vigilar el cumplimiento de las normas de trabajo;

II. Facilitar información técnica y asesorar a los trabajadores y a los patrones sobre la manera más efectiva de cumplir las normas de trabajo;

III. Poner en conocimiento de la autoridad las deficiencias y las violaciones a las normas de trabajo que observe en las empresas y establecimientos;

IV. Realizar los estudios y acopiar los datos que le soliciten las autoridades y los que juzgue conveniente para procurar la armonía de las relaciones entre trabajadores y patrones; y

V. Las demás que le confieran las leyes.

VII. La Comisión Nacional de los Salarios Mínimos:

En su portal en línea, puede leerse que tiene como objetivo fundamental cumplir con lo establecido en el artículo 94 de la Ley Federal del Trabajo, en el que se le encomienda que, en su carácter de órgano tripartito, lleve a cabo la fijación de los salarios mínimos legales, procurando asegurar la congruencia entre lo que establece la Constitución Política de los Estados Unidos Mexicanos con las condiciones económicas y sociales del país, propiciando la equidad y la justicia entre los factores de la producción, en un contexto de respeto a la dignidad del trabajador y su familia.

VIII. La Comisión Nacional para la Participación de los Trabajadores en las Utilidades de las Empresas:

La comisión nacional para la participación de los trabajadores en las utilidades de las empresas se integrará y funcionará para determinar el porcentaje correspondiente en utilidades y para proceder a su revisión. Esta organizada con un presidente, un consejo de representantes y una dirección técnica.

IX. La Junta Federal de Conciliación y Arbitraje:

La junta, en su apartado de información social, indica que son sus objetivos:

1.- Resolver los conflictos colectivos y los individuales, entre trabajadores y patrones y la potestad necesaria para hacer cumplir sus decisiones.

2.- Los conflictos de trabajo pueden ser, además: entre sindicatos, entre sindicatos y sus propios miembros y entre sindicatos y terceras personas.

Los objetivos de la Junta Federal de Conciliación y Arbitraje es atender las demandas y juicios de competencia federal mediante la recepción, tramitación y resolución de los asuntos laborales.

Tendrá atención en los asuntos derivados de las actividades indicadas en la fracción XXXI del apartado A del artículo 123 constitucional (Federal).

X. Las Juntas Locales de Conciliación y Arbitraje:

Artículo 621. (Ley Federal del Trabajo) Las juntas locales de conciliación y arbitraje funcionarán en cada una de las entidades federativas. Les corresponde el conocimiento y resolución de los conflictos de trabajo que no sean de la competencia de la Junta Federal de Conciliación y Arbitraje.

XI. Entidades Federales:

El capítulo dos, artículo 527 de la Ley Federal del Trabajo, enlista aquellas ramas para las cuales tendrá injerencia la Autoridad de Trabajo Federal, destacan la textil, petroquímica, cementera, eléctrica, metalúrgica, ferrocarrilera, entre otras, y también sobre empresas administradas por el Gobierno Federal, las de concesión federal o las que se encuentren en la jurisdicción federal.

Una función más es la aplicación de las normas en conflictos entre dos o más entidades federativas, contratos colectivos en los mismos espacios y sobre las obligaciones de capacitación y adiestramiento de trabajadores, así como de seguridad e higiene, en las que podrá apoyarse con la autoridad local en caso de requerirlo.

3.7. Obligaciones y prohibiciones de los patrones y trabajadores.

Desde el artículo 132 y hasta el 135 de la Ley Federal del trabajo, se hace una larga lista en lo referente a este punto de estudio. A beneficio del lector, haré comentarios en las siguientes páginas a las que pueden considerarse de menor comprensión, en forma continua.

1. Obligaciones de los patrones

Artículo 132. Son obligaciones de los patrones:

En principio, todo patrón, empresa o establecimiento debe cumplir con las normas que integren los ordenamientos jurídicos que sean aplicables a ellos mismos, que, por supuesto, es el de trabajo, pero también otros como la salud y seguridad.

Las fracciones III, IV y V se refieren a la existencia, lugares de guarda disposición de todos los útiles, herramientas y materiales que se requieran para que el trabajador pueda efectuar en forma adecuada su trabajo, sin que éstos sufran daños o desgastes cuya responsabilidad pueda ser imputada al trabajador.

Otras fracciones mencionan sobre la posibilidad para el trabajador de obtener una constancia de trabajo una vez terminada la relación; guardarle atención y respeto al trabajador, entregar recibos de días trabajados y pagos efectuados; permitir la posibilidad de acudir a ejercer el derecho a voto, permitir realizar labores sindicales y hacerles conocedores sobre las vacantes a cubrir; de acuerdo a las leyes educativas y sus instituciones, asistir en la alfabetización, capacitación y adiestramiento de los trabajadores así como ser beneficiario para mejorar sus circunstancias en procesos educativos.

Relativo a la seguridad, el patrón debe destinar los lugares apropiados para la realización de tareas, así como instalar los señalamientos apropiados y atender las disposiciones en materia de higiene para evitar accidentes o enfermedades, e incluir y proporcionar los medicamentos que la autoridad determina en caso de peligro epidemiológico.

2. Artículo 133. Prohibiciones a los patrones

No realizar actos de discriminación por motivo de edad o sexo, de acuerdo a la primer fracción y, en concordancia con nuestra constitución, de ningún otro tipo; exigir a los trabajadores a que consuman los artículos que se encuentren en un lugar comercial determinado; evitar actos de corrupción, aceptando o solicitando dinero de persona alguna en beneficio propio para la admisión en el trabajo ni cualquier otro motivo relativo a este; sobre la asociación sindical, evitar obligar a un trabajador a unirse a la misma o intervenir en las establecidas; no limitar a los trabajadores sobre sus derechos o realizar propagandas políticas ni religiosas.

3. Artículo 134. Son obligaciones de los trabajadores

Todo trabajador, al igual que el patrón, debe cumplir con las normas que estén destinadas a su figura jurídica, incluyendo las de higiene y seguridad.

Como elemento base, además, llevar a cabo las tareas que el patrón o el representante de éste indique, basado en la subordinación de la relación laboral, realizándolas con esmero y cuidado conforme a lo establecido en su contrato, haciendo del conocimiento de quien corresponda, las causas por las que no le sea posible acudir al centro.

Sobre los materiales y los lugares de desempeño, debe el trabajador cuidar y restituir los primeros para evitar accidentes, debiendo, además, observar buena conducta y prestar auxilio a quien lo requiera.

4. Artículo 135. Queda prohibido a los trabajadores

Las prohibiciones a que se refiere el artículo número 135 de la ley, generan consecuencias sin responsabilidad para el patrón, entre las que se mencionan el llevar a cabo cualquier actividad que comprometa la seguridad de sus compañeros o los centros de trabajo, incluyendo a quienes se encuentren en él, faltar al trabajo sin causas que lo justifiquen, acudir en estado de embriaguez o bajo influjos de drogas, portar armas, retirarse de su actividad sin autorización de quien corresponda, hacer colectas u otro tipo de propagandas y hacer mal uso de los materiales y herramientas.

3.8. Habitaciones para los trabajadores.

El Instituto del Fondo Nacional de la Vivienda para los trabajadores es un organismo de servicio social que tiene como objeto, de acuerdo al artículo número tres de la ley respectiva, la administración de recursos para sus fondos, establecer y operar un sistema de financiamiento a favor de los trabajadores para que puedan ser acreedores de créditos para compra de propiedades, construcción o reparación y pago de pasivos relativo a lo anterior, así como lo referente al capítulo tres del título IV de la Ley Federal del Trabajo.

Inicio de esta forma para presentar el panorama básico del tema contenido en la ley ya mencionada que habla sobre la habitación para los trabajadores, lo que en su sentido general es el acto de habitar y, en derecho, la libertad de uso que tiene una persona para sí misma o su familia, de un espacio delimitado, como residencia.

En nuestro derecho laboral, todas las empresas deben cumplir la obligación que le corresponde por ley de hacer aportaciones al Instituto que mencioné al inicio para que cumpla con sus funciones relativas al trabajador, como lo son las que se indican en el artículo 137, y administrados por representantes del Gobierno Federal, Trabajadores y Patrones.

Artículo 137. El fondo nacional de la vivienda tendrá por objeto crear sistemas de financiamiento que permitan obtener crédito barato y suficiente para adquirir en propiedad habitaciones cómodas e higiénicas, para la construcción, reparación, o mejoras de sus casas habitación y para el pago de pasivos adquiridos por estos conceptos.

Las aportaciones a las que la ley se refiere son gastos de previsión social a favor de los trabajadores y deberán cumplir con las bases fraccionadas en el artículo 141.

Artículo 141.

I. En los casos de incapacidad total permanente, de incapacidad parcial permanente, cuando esta sea del 50% o más; de invalidez definitiva, en los términos de la ley del seguro social; de jubilación; o de muerte del trabajador, se entregará el total de los depósitos constituidos, a él o sus beneficiarios, con una cantidad adicional igual a dichos depósitos, en los términos de la ley, a que se refiere el artículo 139.

II. Cuando el trabajador deje de estar sujeto a una relación de trabajo y cuente con 50 o más años de edad, tendrá derecho a que se le haga entrega del total de los depósitos que se hubieren hecho a su favor, en los términos de la ley del instituto del fondo nacional de la vivienda para los trabajadores.

III. En caso de que el trabajador hubiere recibido crédito del instituto, las cantidades a que tuviere derecho en los términos de las fracciones anteriores, se aplicaran a la amortización del crédito, salvo en los casos de incapacidad total permanente o de muerte, en los términos del artículo 145 si después de hacer la aplicación de dichas cantidades a la amortización del crédito quedare saldo a favor del trabajador se le entregara a este el monto correspondiente.

Para la devolución de los depósitos y cantidades adicionales bastará que la solicitud por escrito se acompañe con las pruebas pertinentes.

En otro punto, relativo a la habitación, la ley declara que en caso de que las empresas ya brinden a los trabajadores casa por comodato o arrendamiento, no exime a aquellos de las aportaciones recibidas y en el artículo 151 menciona las obligaciones del patrón y prohibiciones a los trabajadores sobre el primer caso.

Artículo 151. Cuando las habitaciones se den en arrendamiento a los trabajadores, la renta no podrá exceder del medio por ciento mensual del valor catastral de la finca y se observarán las normas siguientes:

I. Las empresas están obligadas a mantenerlas en condiciones de habitabilidad y a hacer oportunamente las reparaciones necesarias y convenientes.

II. Los trabajadores tienen las obligaciones siguientes:

A) Pagar las rentas.

B) Cuidar de la habitación como si fuera propia.

C) Poner en conocimiento de la empresa los defectos o deterioros que observen.

D) Desocupar las habitaciones a la terminación de las relaciones de trabajo dentro de un término de cuarenta y cinco días.

III. Está prohibido a los trabajadores:

A) Usar la habitación para fines distintos de los señalados en este capítulo.

B) Subarrendar las habitaciones.

3.9. Capacitación y adiestramiento.

En términos generales, capacitar y adiestrar tienen significado y objetivos distintos. Nuestra Ley Federal del Trabajo también diferencia entre una y otra en dos de sus artículos dentro del título cuarto, capitulo III BIS, y ahí establece que la capacitación tendrá por objeto preparar a los trabajadores de nueva contratación y a los demás interesados en ocupar las vacantes o puestos de nueva creación; además que podrá formar parte de los programas de capacitación el apoyo que el patrón preste a los trabajadores para iniciar, continuar o completar ciclos escolares de los niveles básicos, medio o superior.

Sobre el adiestramiento, este tendrá por objeto:

I. Actualizar y perfeccionar los conocimientos y habilidades de los trabajadores y proporcionarles información para que puedan aplicar en sus actividades las nuevas tecnologías que los empresarios deben implementar para incrementar la productividad en las empresas.

II. Hacer del conocimiento de los trabajadores sobre los riesgos y peligros a que están expuestos durante el desempeño de sus labores, así como las disposiciones contenidas en el reglamento y las normas oficiales mexicanas en materia de seguridad, salud y medio ambiente de trabajo que les son aplicables, para prevenir riesgos de trabajo.

III. Incrementar la productividad.

IV. En general mejorar el nivel educativo, la competencia laboral y las habilidades de los trabajadores.

En el tema que nos ocupa, la Constitución se pronuncia y es fuente inicial, dentro del artículo 123, apartado A, fracción XIII, al establecer que *"Las empresas, cualquiera que sea su actividad, estarán obligadas a proporcionar a sus trabajadores, capacitación o adiestramiento para el trabajo y la ley reglamentaria determinará los sistemas, métodos y procedimientos conforme a los cuales los patrones deberán cumplir dicha obligación".*

Mientras que, por su parte, la ley reglamentaria, lo precisa en su Capítulo III BIS:

"Los patrones tienen la obligación de proporcionar a todos los trabajadores, y éstos a recibir, la capacitación o el adiestramiento en su trabajo que le permita elevar su nivel de vida, su competencia laboral y su productividad, conforme a los planes y programas formulados, de común acuerdo, por el patrón y el sindicato o la mayoría de sus trabajadores.

Para dar cumplimiento a la obligación que, conforme al párrafo anterior les corresponde, los patrones podrán convenir con los trabajadores en que la capacitación o adiestramiento se proporcione a éstos dentro de la misma empresa o fuera de ella, por conducto de personal propio, instructores especialmente contratados, instituciones, escuelas u organismos especializados, o bien mediante adhesión a los sistemas generales que se establezcan."

Y, por supuesto, no sólo el patrón está obligado respecto a esta actividad pues para el trabajador existe lo siguiente:

Artículo 153-D. Los trabajadores a quienes se imparta capacitación o adiestramiento están obligados a:

I. Asistir puntualmente a los cursos, sesiones de grupo y demás actividades que formen parte del proceso de capacitación o adiestramiento;

II. Atender las indicaciones de las personas que impartan la capacitación o adiestramiento, y cumplir con los programas respectivos; y

III. Presentar los exámenes de evaluación de conocimientos y de aptitud o de competencia laboral que sean requeridos.

3.10. Derechos de preferencia, antigüedad y ascenso.

Derecho de preferencia.

En todo momento, para la ocupación de cargos en el trabajo, una vez confirmado que existe vacante, los patrones deben ajustarse a lo siguiente, previa solicitud del interesado que contenga la empresa, domicilio y nacionalidad, así como nombrar a quienes estén a cargo económicamente de él y el sindicato de pertenencia:

El derecho de preferencia implica a más de una persona interesada en cubrir un puesto y para elegirse se considerará a:

- Mexicanos sobre extranjeros,

- Quienes hayan laborado por más tiempo,

- Los que tengan a su cargo una familia y no tengan otra fuente de ingresos, y

- Los sindicalizados.

Sólo en caso en que en el contrato colectivo exista la cláusula de admisión, se dará preferencia para las vacantes o puestos de nueva creación, en base a lo dispuesto en el mismo y el estatuto sindical.

Derecho de antigüedad.

Para quien se encuentre en una relación de trabajo con planta, tiene el derecho a que la empresa determine su antigüedad, para lo que habrá una comisión encargada de elaborar un cuadro de antigüedades, con las categorías respectivas.

La prima de antigüedad para los sujetos que la merezcan, será regida de acuerdo a las fracciones contenidas en el artículo 162 de la Ley.

I. La prima de antigüedad consistirá en el importe de doce días de salario, por cada año de servicios;

II. Para determinar el monto del salario, se estará a lo dispuesto en los artículos 485 y 486;

III. La prima de antigüedad se pagará a los trabajadores que se separen voluntariamente de su empleo, siempre que hayan cumplido quince años de servicios, por lo menos. Asimismo, se pagará a los que se separen por causa justificada y a los que sean separados de su empleo, independientemente de la justificación o justificación del despido;

IV. Para el pago de la prima en los casos de retiro voluntario de los trabajadores, se observarán las normas siguientes:

A) Si el número de trabajadores que se retire dentro del término de un año no excede del diez por ciento del total de los trabajadores de la empresa o establecimiento, o de los de una categoría determinada, el pago se hará en el momento del retiro.

B) Si el número de trabajadores que se retire excede del diez por ciento, se pagara a los que primeramente se retiren y podrá diferirse para el año siguiente el pago a los trabajadores que excedan de dicho porcentaje.

C) Si el retiro se efectúa al mismo tiempo por un número de trabajadores mayor del porcentaje mencionado, se cubrirá la prima a los que tengan mayor antigüedad y podrá diferirse para el año siguiente el pago de la que corresponda a los restantes trabajadores;

V. En caso de muerte del trabajador, cualquiera que sea su antigüedad, la prima que corresponda mencionadas en el artículo 501; y

VI. La prima de antigüedad a que se refiere este artículo se cubrirá a los trabajadores o a sus beneficiarios, independientemente de cualquier otra prestación que les corresponda.

Ascensos.

Dividiré para la muestra de este título, los puestos vacantes en razón de tiempo.

a) En primer lugar, aquellos que tengan **duración mayor de treinta días**, sean vacantes definitivas o provisionales o los puestos de nueva creación, serán ocupados por quienes se encuentren en la categoría inferior inmediata. En este punto surgen dos cuestiones:

1.- El patrón cumple con sus obligaciones de capacitación.

Será elegido para la vacante quien demuestre ser apto y tenga mayor antigüedad, prefiriendo al trabajador que se encuentre a cargo de una familia y si hay más de uno, al de mayor aptitud.

2.- El patrón no cumple con sus obligaciones de capacitación.

Podrá ocupar la vacante el trabajador de mayor antigüedad y si concurren, a quien esté a cargo de una familia.

Para puestos de nueva creación, el patrón podrá decidir de manera libre si no existen trabajadores aptos y no existe procedimiento para cubrirlos en el contrato colectivo.

b) Para los puestos que **no tengan duración mayor a treinta días**, se hará lo dispuesto en el primer párrafo del artículo 159.

Por último, para aquel trabajador cuya relación de trabajo supere los veinte años, sólo podrá rescindirse esta por lo establecido en el artículo 47 de la Ley Federal del Trabajo y que sean grave o imposibilite la continuación, no sin antes haber impuesto una corrección disciplinaria.

3.11. Trabajo de mujeres.

En principio, la Constitución mexicana prevé que todos los habitantes de la República son iguales ante la ley y que no debe existir ningún acto de discriminación ni privilegios que menoscaben a las personas; sin embargo, es preciso mencionar que lo anterior no limita a la autoridad de emitir regulaciones sobre el trabajo de ciertos sectores de la población, como es el caso del trabajo de mujeres y menores que en diversas circunstancias se mantienen en un nivel de protección más alto en atención a sus necesidades y condiciones naturales, como en el caso de las primeras a la maternidad y lo veremos a continuación.

Como excepción al artículo cuarto constitucional, la ley reglamentaria del 123 del mismo ordenamiento que es la federal del trabajo, expone en sus numerales del quinto título, algunas situaciones que favorecen a la mujer en la actividad laboral.

Los siguientes son artículos que contienen lo expuesto en párrafos anteriores:

166. Cuando exista peligro de la salud de la mujer o el producto en gestación o lactancia, entendido esto como la exposición a condiciones físicas, químicas o biológicas del lugar en que se presta el servicio o los materiales que se utilicen, no podrá acudir a llevar a cabo su trabajo en labores insalubres, industriales, o después de las diez de la noche u horas extraordinarias.

168. No podrán tampoco asistir a sus labores las mujeres en embarazo o lactancia cuando la autoridad emita declaratoria de contingencia sanitaria.

170. Las madres que trabajen, tienen los siguientes derechos:

No realizar esfuerzos que impongan peligro por el estado de gestación en que se encuentren o alteren su condición psíquica o nerviosa; disfrutar un descanso de seis semanas anteriores y otras tantas posteriores al parto; al momento de la adopción, el descanso será de seis semanas posteriores al momento de recepción del infante, pudiendo extenderse en caso de parto o embarazo; dos descansos extras por día de media hora cada una para alimentar al hijo, y de no ser posible, la reducción por una hora de su jornada laboral; recibir el salario íntegro en los casos de parto y el cincuenta por ciento en el de adopción, lo mismo que a mantener el puesto una vez terminados estos plazos y el cómputo de su antigüedad.

3.12. Trabajo de menores.

Se considera menor en nuestra legislación a quien no haya cumplido sus dieciocho años de edad. En los casos que se inicien relaciones laborales con estos sujetos, éstas deben atender lo dispuesto en la Constitución y la Ley Federal del Trabajo; la primera, su artículo número 123 establece en su apartado A, fracción III, que no podrán ser contratados los menores de quince años y los que estén entre esta edad y los dieciséis, tendrán una jornada máxima de seis horas; además, en la fracción II, prohíbe que los menores de dieciséis años laboren en trabajo nocturno u horas posteriores a las diez de la noche, o en horas extras.

En lo que corresponde a la Ley Federal del Trabajo, su artículo quinto bis los regula, con la indicación inicial de que los trabajos de menores serán vigilados por las autoridades de trabajo, en prevención al trabajo infantil.

Menciono algunas características a continuación:

Los mayores de quince años y menores de dieciocho años deben obtener un certificado médico que acredite la aptitud para trabajar y someter a los exámenes médicos que la autoridad le indique.

No se podrá utilizar a menores en distintos tipos de trabajo como lo son establecimientos industriales después de las diez de la noche, expendios de bebidas embriagantes de consumo inmediato, centros de vicio y cualquier otro espacio en que se peligre su moralidad o buenas costumbres; tampoco se permite su participación en labores peligrosas o insalubres. El artículo 176 enlista aquellas labores que se consideran como tal.

Para protección de la integridad física, mental y psicológica del menor, el trabajo queda prohibido después de seis horas diarias y no sin descanso cada tres horas, por al menos una hora, también las horas extras o trabajos los domingos o de descanso obligatorio, conforme a lo dispuesto en la ley, pero en caso contrario deberá pagarse con un por ciento más del salario que corresponde y gozar de un periodo vacacional de dieciocho días hábiles al año cuanto menos y sin menoscabo de su salario.

La ley determina que no se considera trabajo aquel que se lleve a cabo bajo la supervisión y vigilancia de los padres, tutores, o quienes tengan la patria potestad, de menores de catorce años y que estén vinculados con la actividad artística, científica, deportiva o talento, de acuerdo a las reglas del artículo 175 bis.

Actividad 3.
1.- Mencione y explique los sujetos de la relación laboral.
2.- Elabore un listado de las diferentes condiciones de trabajo.
3.- Desde su perspectiva, enumere y explique nuevas condiciones que aún no se integran a la legislación pero que urgen para asegurar el trabajo decente. Coméntelas.

4.- Dispositivos jurídicos relativos al Derecho del Trabajo.

Objetivo: Propiciar el conocimiento de los estudiantes sobre los ordenamientos jurídicos de distintos niveles, relativos a la materia y que estos sean base para los temas posteriores.

En temas anteriores he hablado, a modo introductorio, de la organización del artículo 123, la Ley Reglamentaria y su importancia para el derecho del trabajo, y también sobre otras que se involucran en forma directa con el derecho del trabajo.

En este apartado, tengo la intención de hacer una reseña histórica y organizacional de los principales ordenamientos jurídicos relativos a la materia, sin entrar de manera directa o a fondo en detalles relativos a las relaciones de trabajo, pues es necesario conocerlas en su sentido general para incrementar la comprensión sobre los temas de este libro.

4.1. Constitución Política de los Estados Unidos Mexicanos.

En todo el planeta, cada Estado, cuenta con un ordenamiento de jerarquía mayor frente a todo su sistema jurídico y, sea escrita o no, enumera las formas de organización del poder y elementos propios de acuerdo a sus contextos sociales e históricos.

En nuestro país, la Constitución Política de los Estados Unidos Mexicanos es el dispositivo jurídico en el que todas las demás leyes, códigos, o reglamentos se encuentran supeditados. Promulgada el 5 de febrero de 1917, fue la primer gran constitución del siglo XX y, además, la primera en incluir los derechos sociales, a partir de un evento histórico y de gran relevancia para la vida social y política de nuestro país, como lo fue la Revolución Mexicana, iniciada en el seno de una sociedad indispuesta a colaborar con un gobierno al que por muchos años se le tenía como indeseado.

Antes de adentrarnos al contenido de la carta magna, es preciso hacer mención de lo siguiente.

Nuestra Constitución actual no ha sido la primera en tener fuerza y vigencia en el país, anteriormente se contó con otras que en su momento infundieron orden y respeto a las autoridades, que, aunque no corresponden a nuestro tema de estudio, menciono a continuación:

—Acta constitutiva de la Federación y la Constitución Federal de los Estados Unidos Mexicanos, de 1824.

—Las Siete Leyes Constitucionales, de 1835–1836.

—Bases orgánicas de la República Mexicana de 1843.

—Acta constitutiva y de Reformas, de 1847, y

—Constitución Federal de los Estados Unidos Mexicanos, de 1857.

Ahora bien, nuestra carta magna está dividida en dos grandes partes: "Dogmática" y "Orgánica", las cuales tienen un carácter importante porque cada una de ellas regula asuntos concretos que permiten el desarrollo de los estados federados.

Dogmática.

De acuerdo a la teórica clásica, la Constitución divide su texto en dos, la primera es la dogmática que contiene los derechos mínimos para la persona que le aseguran bienestar y dignidad y corresponden a distintas libertades. Su contenido abarca desde el artículo uno y hasta el veintinueve.

Orgánica.

A partir del artículo número 30 de nuestra carta magna, se enumeran una serie de principios que corresponden a la parte orgánica o de organización y que son fundamentales para determinar la existencia y funcionamiento de las distintas partes que componen al país, como federación, y los tres poderes; además de los órganos o instituciones que llevan a cabo tareas que tienen como fin, lo mismo que la división del poder público, de lograr los fines del Estado.

CONSTITUCION POLITICA DE LOS ESTADOS UNIDOS MEXICANOS

Título Primero

Capítulo I De los Derechos Humanos y sus Garantías

Capítulo II De los Mexicanos

Capítulo III De los Extranjeros

Capítulo IV De los Ciudadanos Mexicanos

Título Segundo

Capítulo I De la Soberanía Nacional y de la Forma de Gobierno

Capítulo II De las Partes Integrantes de la Federación y del Territorio Nacional

Título Tercero

Capítulo I De la División de Poderes

Capítulo II Del Poder Legislativo

Capítulo II Del Poder Legislativo

Sección I De la Elección e Instalación del Congreso

Título Noveno

De la Inviolabilidad de la Constitución

4.2. Ley Federal del Trabajo.

El hablar de trabajo en el ámbito jurídico nos lleva, en forma inevitable, a dar mención de los artículos que integran la Ley Federal del Trabajo en cualquiera de las áreas en que se base la discusión.

En principio, es necesario reconocer que la Ley en cuestión es la máxima guía de las relaciones laborales, tanto a nivel individual como en el colectivo, y que el único ordenamiento que se encuentra por encima de ella en nuestro derecho interno es la Constitución Política de los Estados Unidos Mexicanos, en la que el tema se toca dentro de su artículo 5 hablando sobre la libertad de empleo, y en el 123, del que es reglamentaria de su apartado A.

Aunque desde la promulgación de nuestra Constitución en 1917 y en las anteriores ha estado presente la libertad de trabajo y su contenido ha evolucionado a como hoy lo conocemos en protección a los derechos de los trabajadores y patrones, así como sus obligaciones, no es sino hasta el año de 1970 que la Ley que mencionamos entra en vigor como resultado de eventos histórico sociales.

A lo largo de este libro se tocarán los temas e indicaciones que integran el dispositivo, además de su historia y formación, pero en este apartado se hará una reseña para conocerlo en lo general.

Nuestra Ley Federal del Trabajo tiene 1010 artículos divididos en 16 títulos, que menciono y comento.

Titulo primero, Principios generales: Reglas iniciales y de acción a las que están subordinados los regímenes laborales, sujetos e instituciones.

Titulo segundo, Relaciones Individuales de Trabajo: Nomas que indican las formas de llevarse a cabo la relación obrero patronal desde un plano como únicos sujetos.

Titulo tercero, Condiciones de Trabajo: Establecimiento de formas, como derechos y obligaciones de los sujetos de la relación laboral.

Titulo cuarto, Derechos y Obligaciones de los Trabajadores y de los Patrones: Imposiciones a las partes de la relación laboral, así como sus acciones permitidas.

Titulo quinto, Trabajo de las Mujeres: Protección al humano femenino que labora en relación a sus condiciones naturales.

Titulo quinto bis, Trabajo de los Menores: Por motivos de su naturaleza, se muestran las formas en que debe de desarrollarse la actividad laboral y la relación cuando existan en ellas menores de edad.

Titulo sexto, Trabajos Especiales: Se protegen categorías de trabajos que pudieran resultar desprotegidas por la legislación regular.

Título séptimo, Relaciones Colectivas de Trabajo: Reglas para la relación laboral en donde intervienen agrupaciones de trabajadores o patrones.

Título octavo, Huelgas: Derecho otorgado a los grupos de trabajadores como medio de lograr el respeto a la relación laboral y el trabajo decente.

Titulo noveno, Riesgos de Trabajo: Situaciones que pueden ocurrir en la relación laboral y que pueden poner en riesgo la vida o integridad de los trabajadores.

A partir del título décimo se presentan los artículos que definen la actividad procesal relativa a la vida laboral, lo que será objeto de la parte segunda del Manual de Derecho del Trabajo.

Titulo decimo, Prescripción.

Titulo once, Autoridades del Trabajo y Servicios Sociales.

Titulo doce, Personal Jurídico de las Juntas de Conciliación y Arbitraje.

Titulo trece, Representantes de los Trabajadores y de los Patrones.

Titulo catorce, Derecho Procesal del Trabajo.

Titulo quince, Procedimientos de ejecución.

Título dieciséis, Responsabilidades y Sanciones.

4.3. Ley del Seguro Social.

Todas las personas en nuestro país, como fundamental, tienen derecho a la seguridad social y, por tanto, debe existir un sistema normativo que delineé las actividades relativas a ello e instituciones propias de la actividad.

Es así que existe la Ley del Seguro Social, cuyo fin es el de presentar todos los derechos y obligaciones de los derechohabientes y todos los servicios o procesos que puedan derivar.

La ley contiene los siguientes puntos:

1.- Principios generales,

2.- Regímenes,

3.- Cuotas,

4.- Prestaciones en especie y en dinero.

La ley se conforma de 305 artículos divididos en seis títulos.

En el año de 1997 se crea la Nueva Ley del Seguro Social, la cual está vigente y deroga la de 1973. Hasta este momento, existen dos modalidades para jubilación con distintos requisitos.

Uno de los temas que llamaron la atención y fueron trascendentes en la nueva legislación fue la creación de las Administradores de Fondos para el Retiro o AFORES, reguladas por la CONSAR, y cuyo fin es el que los trabajadores cuenten con un monto suficiente para su pensión al momento de retirarse de sus actividades laborales, de acuerdo a los requisitos que las leyes marcan.

4.4. Convenios Internacionales en Materia del trabajo.

México, como otros países preocupados por el avance y desarrollo de las normas del trabajo en todos los Estados, ha suscrito, desde hace más de 50 años, diversos tratados internacionales en la materia y esto, sin lugar a dudas, se ha reflejado en el cambio a nivel interno de las normas constitucionales y la ley laboral.

Hoy México es protector y guardia de las garantías y derechos consagrados para el trabajador en sus relaciones.

En este apartado enumero algunos de los documentos de los que nuestro país forma parte, la fecha en que entró en vigor en nuestro territorio y los aspectos de mayor importancia del mismo.

1.- Convenio Internacional del Trabajo No. 14 Relativo a la Aplicación del Descanso Semanal en las Empresas Industriales.

Entrada en vigor: 7 de enero de 1938

Elementos relevantes

1. El descanso coincidirá, siempre que sea posible, con los días consagrados por la tradición o las costumbres del país o de la región.

2. Dictar disposiciones que prevean períodos de descanso en compensación de las suspensiones o disminuciones.

2.- Convenio Internacional del Trabajo No. 19 Relativo a la Igualdad de Trato entre los Trabajadores Extranjeros y Nacionales en Materia de Indemnización por Accidente de Trabajo.

Entrada en vigor: 12 de mayo de 1934

Elementos relevantes

1. Todo Miembro de la Organización Internacional del Trabajo que ratifique el presente Convenio se obliga a conceder a los nacionales de cualquier otro Miembro que lo haya ratificado, y que fueren víctimas de accidentes del trabajo ocurridos en el territorio de aquél, o a sus derechohabientes, el mismo trato que otorgue a sus propios nacionales en materia de indemnización por accidentes del trabajo.

2. Esta igualdad de trato será otorgada a los trabajadores extranjeros y a sus derechos habientes sin ninguna condición de residencia.

3.- Convenio Internacional del Trabajo No. 26 Relativo al Establecimiento de Métodos para la Fijación de Salarios Mínimos.

Entrada en vigor: 12 de mayo de 1935

Elementos relevantes

1. Todo Miembro de la Organización Internacional del Trabajo que ratifique el presente Convenio se obliga a establecer o

mantener métodos que permitan la fijación de tasas mínimas de los salarios de los trabajadores empleados en industrias o partes de industria (especialmente en las industrias a domicilio) en las que no exista un régimen eficaz para la fijación de salarios, por medio de contratos colectivos u otro sistema, y en las que los salarios sean excepcionalmente bajos.

4.- Convenio Internacional del Trabajo No. 29 Relativo al Trabajo Forzoso y Obligatorio.

Entrada en vigor: 12 de mayo de 1935

Elementos relevantes

1. Todo Miembro de la Organización Internacional del Trabajo que ratifique el presente Convenio se obliga a suprimir, lo más pronto posible, el empleo del trabajo forzoso u obligatorio en todas sus formas.

2. Concepto de trabajo forzoso u obligatorio designa todo trabajo o servicio exigido a un individuo bajo la amenaza de una pena cualquiera y para el cual dicho individuo no se ofrece voluntariamente.

3. Sin embargo, a los efectos del presente Convenio, la expresión trabajo forzoso u obligatorio no comprende:

a) cualquier trabajo o servicio que se exija en virtud de las leyes sobre el servicio militar obligatorio y que tenga un carácter puramente militar.

b) cualquier trabajo o servicio que forme parte de las obligaciones cívicas normales de los ciudadanos de un país que se gobierne plenamente por sí mismo.

c) Entre otros.

5.- Convenio Internacional del Trabajo No. 52 Relativo a las Vacaciones Anuales Pagadas.

Entrada en vigor: 22 de septiembre de 1939

Elementos relevantes

1. Toda persona a la que se aplique el presente Convenio tendrá derecho, después de un año de servicio continuo, a unas vacaciones anuales pagadas de seis días laborables, por lo menos.

2. Las personas menores de dieciséis años, incluidos los aprendices, tendrán derecho, después de un año de servicio continuo, a vacaciones anuales pagadas de doce días laborables, por lo menos.

3. Se considerará nulo todo acuerdo que implique el abandono del derecho a vacaciones anuales pagadas o la renuncia a las mismas.

6.- Convenio Internacional del Trabajo No. 87 Relativo a la Libertad Sindical y a la Protección del Derechos de Sindicación.

Entrada en vigor: 1 de abril de 1951

Elementos relevantes

Los trabajadores y los empleadores, sin ninguna distinción y sin autorización previa, tienen el derecho de constituir las organizaciones que estimen convenientes, así como el de afiliarse a estas organizaciones, con la sola condición de observar los estatutos de las mismas.

Las organizaciones de trabajadores y de empleadores tienen el derecho de redactar sus estatutos y reglamentos administrativos, el de elegir libremente sus representantes, el de organizar su administración y sus actividades y el de formular su programa de acción.

Todo Miembro de la Organización Internacional del Trabajo para el cual esté en vigor el presente Convenio se obliga a adoptar todas las medidas necesarias y apropiadas para garantizar a los trabajadores y a los empleadores el libre ejercicio del derecho de sindicación.

7.- Convenio Internacional del Trabajo No 111 Relativo a la Discriminación en Materia de Empleo y Ocupación.

Entrada en vigor: 11 de septiembre de 1962

Elementos relevantes

1. A los efectos de este Convenio, el término discriminación comprende:

a) cualquier distinción, exclusión o preferencia basada en motivos de raza, color, sexo, religión, opinión política, ascendencia nacional u origen social que tenga por efecto anular o alterar la igualdad de oportunidades o de trato en el empleo y la ocupación.

b) cualquier otra distinción, exclusión o preferencia que tenga por efecto anular o alterar la igualdad de oportunidades o de trato en el empleo u ocupación que podrá ser especificada por el Miembro interesado previa consulta con las organizaciones representativas de empleadores y de trabajadores, cuando dichas organizaciones existan, y con otros organismos apropiados.

8.- Convenio Internacional del Trabajo No 118 Relativo a la Igualdad de Trato de Nacionales y Extranjeros en Materia de Seguridad Social.

Entrada en vigor: 6 de enero de 1979

Elementos relevantes

1. Al ratificar el Convenio, el Gobierno de México aceptó las ramas siguientes de la seguridad social:

a) asistencia médica b) prestaciones de enfermedad c) prestaciones de maternidad; d) prestaciones de invalidez; e) prestaciones de vejez; f) prestaciones de sobre vivencia; g) prestaciones en caso de accidentes de trabajo y de enfermedades profesionales.

9.- Convenio Internacional del Trabajo No. 182 Sobre la Prohibición de las Peores Formas de Trabajo Infantil y la Acción Inmediata para su Eliminación.

Entrada en vigor: 30 de junio de 2001

Elementos relevantes

1. Considerando la necesidad de adoptar nuevos instrumentos para la prohibición y la eliminación de las peores formas de trabajo infantil, principal prioridad de la acción nacional e internacional, incluidas la cooperación y la asistencia internacionales.

2. La eliminación efectiva de las peores formas de trabajo infantil requiere una acción inmediata y general que tenga en cuenta la importancia de la educación básica gratuita y la necesidad de librar de todas esas formas de trabajo a los niños afectados y asegurar su rehabilitación y su inserción social al mismo tiempo que se atiende a las necesidades de sus familias;

3. El trabajo infantil se debe en gran parte a la pobreza, y la solución a largo plazo radica en un crecimiento económico sostenido conducente al progreso social, en particular a la mitigación de la pobreza y a la educación universal.

Actividad 4.

1.- Mencione los diferentes ordenamientos jurídicos que existen en nuestro país relacionados al derecho del trabajo y coméntelos.

2.- Responde y fundamenta.

a. ¿Existe algún elemento que permita creer que nuestra Carta Magna ya no reúne lo necesario para regular la actividad laboral, desde el punto de vista práctico?

5.- Reformas Laborales.

Objetivo: Crear un sentido familiar sobre la más reciente modificación a la Ley del trabajo, las causas que la originaron y sus resultados.

5.1. Facultad de iniciar leyes.

En nuestro país, como ya lo dijimos, la Constitución Política es el ordenamiento de mayor rango entre todos los que forman el derecho positivo vigente; en base a ella se organiza el Estado y se dividen funciones entre los Poderes, mismos que se encuentran determinados en el artículo 49 de la misma.

Dentro de esa división tripartita, sobresale para este punto de estudio, el trabajo del Poder Legislativo, que en la Constitución se incluye como integrado por dos cámaras, la de Diputados y la de Senadores (artículo 50), con funciones conjuntas y exclusivas para cada una de ellas, pero con un objetivo natural que es el de la creación de leyes, así como su modificación o derogación.

Aún con lo anterior, no podemos limitar la actividad legislativa al órgano homónimo, pues de acuerdo al artículo número 71, el derecho de iniciar leyes también le corresponde al Poder Ejecutivo, Congresos Estatales y a los ciudadanos, mediante reglas específicas.

En el primer caso, la iniciación de leyes por el Ejecutivo, conforme al proceso legislativo, resalta la oportunidad de incluir, el día de la apertura de cada periodo ordinario de sesiones hasta dos iniciativas para trámite preferente o señalar hasta dos que ya hayan sido presentadas cuando no tengan dictamen, para ser discutida y votada por el pleno de la cámara de origen en un plazo no mayor de 30 días naturales, con las mismas condiciones para la cámara revisora, además de contar con facultad exclusiva para el Presupuesto de Egresos de la Federación, la Cuenta pública y la Ley de Ingresos; en segundo lugar, a los ciudadanos en un número equivalente, por lo menos, al cero punto trece por ciento de la lista nominal de electores.

Pero no sólo es la carta magna el único ordenamiento que lo incluye, pues el Reglamento para el Gobierno Interior del Congreso General de los Estados Unidos Mexicanos, desde su artículo 55 establece los procedimientos, aunque en este último caso, no integran en sus fracciones a las llamadas iniciativas ciudadanas,

5.2. El proceso legislativo.

El poder legislativo en México, como ya se dijo, es el órgano encargado de llevar a cabo el proceso de creación y modificación de normas. Dicho proceso, en el derecho mexicano, se compone de distintas etapas, que tendrán mención en este punto.

a) Iniciativa.

Momento en que uno de los sujetos con facultad de iniciar el proceso, de acuerdo a las normas nacionales, entrega un documento que contiene el proyecto para modificar parte o el total del contenido de un ordenamiento, al órgano legislativo, atendiendo a la realidad histórica del territorio en donde tenga vigencia la norma, basados en un estado de necesidad de cambio.

b) Discusión, Votación.

En esta etapa, los legisladores llevan a cabo un trabajo de análisis y debate sobre el proyecto entregado al órgano, para decidir, de acuerdo a la votación de sus miembros, si el mismo ha de ser aprobado o no.

Para el desarrollo de este momento del proceso, se consideran distintos momentos de participación, de acuerdo a lo establecido por las normas internas del congreso, como lo son la lectura, comentarios, conclusión y distintas formas en que el representante muestra su voluntad.

c) Sanción.

La sanción es la etapa en que el Ejecutivo Federal toma parte del proyecto y en el cual lo firma o hace creer, al transcurre el periodo designado en la ley para ello, que se encuentra de acuerdo. La primera forma, es sanción expresa y la segunda tácita.

d) Promulgación.

De acuerdo con Gonzalo Santiago Campos, la promulgación tiene los siguientes elementos propios:

1.- No tienen ningún carácter sancionador de las leyes. No las perfecciona. No les da ejecutoriedad.

2.- No es un medio para dar publicidad a las leyes, ya que en todos los ordenamientos actuales se prevé la existencia de mecanismos ad hoc para llevar a cabo esta publicación oficial.

3.- No debe confundirse con la orden de publicación, puesto que éste es un acto que tiene un contenido y un objetivo perfectamente delimitado y diferenciable.

Podemos decir, entonces, que se trata de un acto para dar a conocer la aprobación de una nueva ley.

e) Publicación.

Es el acto que lleva a cabo el Ejecutivo Federal o, en caso contrario, el Poder Legislativo, para dar a conocer la existencia de una nueva norma o ley que tiene como fin que los ciudadanos la conozcan.

Es obligación, en primer momento del Presidente de la República, para su inicio de vigencia.

f) Iniciación de la vigencia.

Se da cuando ha sido publicada una nueva norma o ley y que ingresa al orden jurídico nacional para ser obligatoria

5.3. Reforma Laboral del año 2012.

La Reforma Laboral llevada a cabo en nuestro país en el año 2012 no puede estudiarse sin ser considerado, en primer lugar, lo ocurrido durante la reforma política de ese mismo año. Sobre esta, resalta la modificación a la Constitución Política Federal en que se establece que el Ejecutivo de la Nación podrá presentar hasta dos iniciativas con carácter de "preferente" para que el Órgano Legislativo se encargue de activar el proceso debido y así generar los cambios que, una vez analizados y votados, sean convenientes.

La figura relativa a la modificación de nuestro derecho trae como resultado un importante cambio en la vida de los trabajadores y patrones, de las autoridades en la materia y beneficios que la enmarcan como la de mayor amplitud y relevancia para la ley federal del trabajo desde su entrada en vigor.

Suceden, entonces, cambios considerables en los siguientes temas que ha tenido a bien enumerar José de Jesús González Rodríguez del Centro de Estudios Sociales y de Opinión Pública en el Documento de Trabajo núm. 148 con fecha de abril del año 2013.

1) contratación, períodos de prueba, contratos de capacitación inicial y trabajo de temporada; 2) concepto y alcances del término de Trabajo decente; 3) subcontratación de personal u outsourcing; 4) trabajo de menores de 14 años; 5) mexicanos que laboren en el

extranjero; 6) avisos de rescisión de la relación de trabajo; 7) causales de rescisión de la relación de trabajo; 8) derechos de la mujer trabajadora; 9) pago de salarios; 10) generación de salarios vencidos o caídos; 11) multihabilidad de los trabajadores; 12) Instituto del Fondo Nacional para el Consumo de los Trabajadores; 13) contingencias sanitarias; 14) reparto adicional de utilidades; 15) personas con discapacidad; 16) capacitación y adiestramiento; 17) productividad; 18) trabajadores del campo; 19) empleados domésticos; 20) trabajo en las minas; 21) Teletrabajo; 22) voto libre, directo y secreto en la elección de directivas sindicales; 23 rendición de cuentas por las directivas de los sindicatos; 24) registro sindical; 25) registro de organizaciones sindicales, contratos colectivos y reglamentos interiores de trabajo; 26) cláusula de exclusión por separación; 27) emplazamientos a huelga para la firma de contratos colectivos; 28) monto de la indemnización por muerte del trabajador; 29) seguridad e higiene en los centros de trabajo; 30) tablas de enfermedades de trabajo y de valuación de las incapacidades; 31) competencia de las autoridades en materia de concesiones federales; 32) Servicio Nacional del Empleo; 33) juntas federales y locales de conciliación; 34) impartición de justicia laboral; 35) aspectos procesales de las huelgas; 36) contratos de protección; 37) titularidad de contratos colectivos de trabajo o administración de contrato ley; y 38) infracción a las disposiciones de la Ley Federal del Trabajo.

De todos los anteriores, tomo algunos puntos que generaron mayor debate en distintos grupos de la sociedad para comentarlos.

1.- Nacido en el seno de la OIT, se incorpora a la legislación el concepto de **"Trabajo Decente"** para asegurar la no presencia de cualquier tipo de discriminación o hecho que atente contra la dignidad de los sujetos de trabajo, acceso a seguridad social, capacitación constante.

2.- Se crea la figura del **"Outsourcing"** que permite la inclusión de contratistas como patrones con sujetos dependientes para llevar a cabo una obra o prestar servicio, a favor de un contratante. Mediante contrato por escrito, deberá asegurarse que el contratista puede cumplir con las obligaciones que en él recaen.

3.- Integración de **periodos de prueba** o de **capacitación inicial**, que tienen como fin, el primero, medir el perfil del trabajador para determinar que pueda cumplir con lo requerido por el patrón, y el segundo para instruir al empleado en las labores propias de la actividad. El de prueba no puede pasar de 30 días sino trata de puestos gerenciales, técnicos, profesionales o especializados, que será hasta de 180; y el de capacitación inicial de tres meses o seis para los mismos.

4.- Se incluye **teletrabajo** como el realizado a distancia a través de nuevas tecnologías, al igual que el de **a domicilio**.

5.- Orden para que en el **registro de los sindicatos** se observen los principios de legalidad, transparencia, certeza, gratuidad, inmediatez, imparcialidad y respeto a la libertad, autonomía, equidad y democracia sindical.

6.- Se eliminan las **Juntas de Conciliación** por ser en poca medida utilizadas.

7.- Las Juntas de Conciliación y Arbitraje deberán **publicar los contratos colectivos** con que cuenten.

Actividad 5.

1.- Responda a las siguientes cuestiones:

a. ¿Qué es una reforma?

b. ¿Cuáles son los pasos del proceso legislativo y en qué consiste cada uno de ellos?

c. ¿Qué beneficios se lograron con la reforma laboral del año 2012 en México?

2.- Desde su perspectiva, ¿cuáles han sido los mejores cambios que se promovieron en la última reforma laboral? Y ¿cuáles son los temas que debieron de incluirse?

6.- Relaciones de Trabajo.

Objetivo: Analizar las distintas formas en que los sujetos pueden vincularse con otros para materializar el derecho fundamental del trabajo y las prerrogativas y obligaciones que de ello resultan.

6.1. Contrato y relación de trabajo.

En el artículo veinte de la Ley Federal del Trabajo se establece que Se entiende por relación de trabajo, cualquiera que sea el acto que le dé origen, la prestación de un trabajo personal subordinado a una persona, mediante el pago de un salario, y que el contrato individual de trabajo, cualquiera que sea su forma o denominación, es aquel por virtud del cual una persona se obliga a prestar a otra un trabajo personal subordinado, mediante el pago de un salario; además, la prestación de un trabajo sin el contrato celebrado produce los mismos efectos.

En primer lugar, hago mención de la diferencia básica que existe entre la relación y el contrato, siendo este último la formalidad que de preferencia debe llevar la relación laboral, para que el patrón pueda inscribirlo ante la autoridad laboral.

Con el párrafo anterior se pretende explicar que la relación de trabajo no implica necesariamente un documento, o contrato, puesto que una relación de trabajo nace por el sólo hecho de subordinarse a otro y recibir un salario por lo ejecutado bajo ese hecho. Pero como se escribe, es prioritario crear el contrato de trabajo con el fin de que se establezcan las condiciones del mismo por escrito, como lo exige la ley.

Los elementos del contrato de trabajo están dispuestos en el artículo número veinticinco de la ley, los que son:

I. Nombre, nacionalidad, edad, sexo, estado civil, Clave Única de Registro de Población, Registro Federal de Contribuyentes y domicilio del trabajador y del patrón;

II. Si la relación de trabajo es para obra o tiempo determinado, por temporada, de capacitación inicial o por tiempo indeterminado y, en su caso, si está sujeta a un periodo de prueba;

III. El servicio o servicios que deban prestarse, los que se determinarán con la mayor precisión posible;

IV. El lugar o los lugares donde deba prestarse el trabajo;

V. La duración de la jornada;

VI. La forma y el monto del salario;

VII. El día y el lugar de pago del salario;

VIII. La indicación de que el trabajador será capacitado o adiestrado en los términos de los planes y programas establecidos o que se establezcan en la empresa, conforme a lo dispuesto en esta Ley; y

IX. Otras condiciones de trabajo, tales como días de descanso, vacaciones y demás que convengan el trabajador y el patrón.

Por contrario, los elementos de igualdad en los dos términos son los siguientes:

Prestación de un trabajo. - Entrega de un servicio a otro.

Subordinación. - Sujeción a las órdenes y disposiciones que lleva a cabo quien tiene esa facultad dentro de la relación, como lo es el patrón o jefe.

Salario. - Remuneración que recibe un sujeto por la prestación del trabajo y que puede ser de distintas formas, como lo veremos más adelante.

En ambas figuras, relación y contrato, se presentan los llamados sujetos de la relación, de los que extraigo de la ley sus definiciones:

Trabajador: Artículo 8o.- Trabajador es la persona física que presta a otra, física o moral, un trabajo personal subordinado.

Patrón: Artículo 10.- Patrón es la persona física o moral que utiliza los servicios de uno o varios trabajadores.

Representante del patrón: Artículo 11.- Los directores, administradores, gerentes y demás personas que ejerzan funciones de dirección o administración en la empresa o establecimiento, serán considerados representantes del patrón y en tal concepto lo obligan en sus relaciones con los trabajadores.

Intermediario: Artículo 12.- Intermediario es la persona que contrata o interviene en la contratación de otra u otras para que presten servicios a un patrón.

6.2. Duración de la relación de trabajo.

La duración de la relación de trabajo puede darse de distintas formas, de acuerdo a la ley federal del trabajo, desde su artículo número treinta y cinco, las presento a continuación:

1.- Por obra determinada. Esta se debe acordar de acuerdo a la naturaleza del empleo entre los sujetos. Un ejemplo básico es la construcción de un edificio, donde una vez que se logre, termina la relación.

2.- Tiempo determinado. Puede ser en cualquiera de las tres situaciones que menciona el artículo número treinta y siete de la ley, que son: a) La naturaleza del trabajo; b) Substitución de otro trabajador en forma permanente; y c) Otros casos que disponga la ley laboral.

3.- Tiempo indeterminado. En los casos que este tipo de contrato se rebasen los ciento ochenta días, puede establecerse un periodo de prueba de treinta días, extendido hasta por ciento ochenta para algunos de los puestos dictados en el segundo párrafo del artículo 39.A, los que servirán para determinar la capacidad del trabajador. Debe constar por escrito.

4.- Por capacitación inicial. Se determina e inicia para que el trabajador adquiera los conocimientos o habilidades necesarios para el trabajo al que se contrata, no pudiendo sobre pasar de tres meses, a menos que se trate de algunos puestos de dirección o administración que será hasta de seis meses y, al igual que el de prueba, debe ser por escrito.

6.3. Suspensión, rescisión y terminación de la relación de trabajo.

La suspensión, rescisión y terminación de las relaciones laborales son distintas en su forma y fondo y cada una de ellas conlleva ciertas responsabilidades al darse por cuestiones concretas, para los sujetos de la misma, las cuales mencionamos en este apartado.

Suspensión.

En la suspensión, la relación laboral subsiste, no termina, aunque imposibilita el ejercicio de actividades, así como la recepción del salario, y debe reactivarse una vez que las causas que la originaron se sobrepasen, para volver a cumplir con las obligaciones que se contrajeron.

Son:

I. *La enfermedad contagiosa del trabajador;*

II. La incapacidad temporal ocasionada por un accidente o enfermedad que no constituya un riesgo de trabajo;

III. La prisión preventiva del trabajador seguida de sentencia absolutoria. Si el trabajador obró en defensa de la persona o de los intereses del patrón, tendrá éste la obligación de pagar los salarios que hubiese dejado de percibir aquél;

IV. El arresto del trabajador;

V. El cumplimiento de los servicios y el desempeño de los cargos mencionados en el artículo quinto de la Constitución, y el de las obligaciones consignadas en el artículo treinta y uno, fracción tercera de la misma Constitución;

VI. La designación de los trabajadores como representantes ante los organismos estatales, Juntas de Conciliación y Arbitraje, Comisión Nacional de los Salarios Mínimos, Comisión Nacional para la Participación de los Trabajadores en las Utilidades de las Empresas y otros semejantes;

VII. La falta de los documentos que exijan las Leyes y reglamentos, necesarios para la prestación del servicio, cuando sea imputable al trabajador; y

VIII. La conclusión de la temporada en el caso de los trabajadores contratados bajo esta modalidad.

De acuerdo al artículo número cuarenta y cinco, el trabajador debe regresar al trabajo de acuerdo a lo ordenado en sus dos fracciones:

I. En los casos de las fracciones I, II, IV y VII del artículo 42, al día siguiente de la fecha en que termine la causa de la suspensión; y

II. En los casos de las fracciones III, V y VI del artículo 42, dentro de los quince días siguientes a la terminación de la causa de la suspensión.

Recisión

Esta se da solo por alguna de las dos partes de acuerdo a la ley y en base a su fundamento, pueden ser sin responsabilidad para el patrón o sin responsabilidad para el trabajador.

En el primer tipo, mencionamos algunas de las razones:

1. Engañarlo el trabajador o en su caso, el sindicato que lo hubiese propuesto o recomendado con certificados falsos o referencias en los que se atribuyan al trabajador capacidad, aptitudes o facultades de que carezca. Esta causa de rescisión dejará de tener efecto después de treinta días de prestar sus servicios el trabajador;

2. Incurrir el trabajador, durante sus labores, en faltas de probidad u honradez, en actos de violencia, amagos, injurias o malos tratamientos en contra del patrón, sus familiares o del personal directivo o administrativo de la empresa o establecimiento, o en contra de clientes y proveedores del patrón, salvo que medie provocación o que obre en defensa propia;

3. Cometer el trabajador contra alguno de sus compañeros, cualquiera de los actos enumerados en la fracción anterior, si como consecuencia de ellos se altera la disciplina del lugar en que se desempeña el trabajo;

4. Cometer el trabajador, fuera del servicio, contra el patrón, sus familiares o personal directivo administrativo, alguno de los actos a que se refiere la fracción II, si son de tal manera graves que hagan imposible el cumplimiento de la relación de trabajo;

5. Ocasionar el trabajador, intencionalmente, perjuicios materiales durante el desempeño de las labores o con motivo de ellas, en los edificios, obras, maquinaria, instrumentos, materias primas y demás objetos relacionados con el trabajo;

6. Ocasionar el trabajador los perjuicios de que habla la fracción anterior siempre que sean graves, sin dolo, pero con negligencia tal, que ella sea la causa única del perjuicio;

7. Comprometer el trabajador, por su imprudencia o descuido inexcusable, la seguridad del establecimiento o de las personas que se encuentren en él;

8. Cometer el trabajador actos inmorales o de hostigamiento y/o acoso sexual contra cualquier persona en el establecimiento o lugar de trabajo;

En cualquiera de estas situaciones, el trabajador puede acudir ante la junta de conciliación y arbitraje a solicitar la reinstalación en su trabajo o la indemnización que será de tres meses. Si la autoridad decide que se le habrá de reinstalar, el trabador tendrá derecho además a los salarios no entregados desde la última fecha en que se presentó, hasta por doce meses.

En el segundo caso del primer párrafo de este tema, sobresalen las siguientes:

1. Engañarlo el patrón, o en su caso, la agrupación patronal al proponerle el trabajo, respecto de las condiciones del mismo. Esta causa de rescisión dejará de tener efecto después de treinta días de prestar sus servicios el trabajador.

2. Incurrir el patrón, sus familiares o cualquiera de sus representantes, dentro del servicio, en faltas de probidad u honradez, actos de violencia, amenazas, injurias, hostigamiento y/o acoso sexual, malos tratamientos u otros análogos, en contra del trabajador, cónyuge, padres, hijos o hermanos.

3. Incurrir el patrón, sus familiares o trabajadores, fuera del servicio, en los actos a que se refiere el párrafo anterior, si son de tal manera graves que hagan imposible el cumplimiento de la relación de trabajo.

4. Reducir el patrón el salario del trabajador.

5. No recibir el salario correspondiente en la fecha o lugar convenidos o acostumbrados.

6. Sufrir perjuicios causados maliciosamente por el patrón, en sus herramientas o útiles de trabajo.

7. La existencia de un peligro grave para la seguridad o salud del trabajador o de su familia, ya sea por carecer de condiciones higiénicas el establecimiento o porque no se cumplan las medidas preventivas y de seguridad que las leyes establezcan.

Terminación

De acuerdo al artículo 53 de la ley, Son causas de terminación de las relaciones de trabajo:

I. El mutuo consentimiento de las partes;

II. La muerte del trabajador;

III. La terminación de la obra o vencimiento del término o inversión del capital, de conformidad con los artículos 36, 37 y 38;

IV. La incapacidad física o mental o inhabilidad manifiesta del trabajador, que haga imposible la prestación del trabajo; y

V. Los casos a que se refiere el artículo 434.

Para extender las causas, el artículo mencionado en la última fracción dispone lo siguiente.

Artículo 434. Son causas de terminación de las relaciones de trabajo:

I. La fuerza mayor o el caso fortuito no imputable al patrón, o su incapacidad física o mental o su muerte, que produzca como consecuencia necesaria, inmediata y directa, la terminación de los trabajos;

II. La Incosteabilidad notoria y manifiesta de la explotación;

III. El agotamiento de la materia objeto de una industria extractiva;

IV. Los casos del artículo 38; y

V. El concurso o la quiebra legalmente declarado, si la autoridad competente o los acreedores resuelven el cierre definitivo de la empresa o la reducción definitiva de sus trabajos.

6.4. Condiciones de trabajo.

Las condiciones de trabajo están definidas como aquellas circunstancias y derechos que deben prevalecer en la relación de trabajo a través de su contrato escrito y por las cuales se protege al trabajador en su salud física y mental.

La Ley Federal de Trabajo expone en diversos apartados estas condiciones que enumeraré a continuación y serán definidas más adelante en lo individual.

Jornada de trabajo

Salario

Horas extras

Aguinaldo

Vacaciones

Días de descanso

Participación en utilidades

Por último, dice el artículo 56 de la ley que estas condiciones de las que hablamos deben ser basadas en el principio de igualdad entre hombres y mujeres y, jamás, ser inferiores a las que el mismo dispositivo jurídico marca para todos los trabajadores en proporción a los servicios de iguales en los trabajos iguales.

6.4.1. Jornada de trabajo y tiempo extraordinario.

Una jornada de trabajo es el tiempo durante un día que el trabajador dedica a realizar las actividades convenidas en el contrato de trabajo o la relación laboral. En la Ley Federal de trabajo, en su artículo número sesenta, se dan a conocer los tres tipos de jornada.

Artículo 60.- Jornada diurna es la comprendida entre las seis y las veinte horas.

Jornada nocturna es la comprendida entre las veinte y las seis horas.

Jornada mixta es la que comprende períodos de tiempo de las jornadas diurna y nocturna, siempre que el período nocturno sea menor de tres horas y media, pues si comprende tres y media o más, se reputará jornada nocturna.

Y en el sesenta y uno, los máximos temporales para cada una:

Artículo 61.- La duración máxima de la jornada será: ocho horas la diurna, siete la nocturna y siete horas y media la mixta.

Al momento de fijar las jornadas de trabajo, se deberá observar lo establecido en el artículo cinco, donde se mencionan las causas por las cuales las estipulaciones de los contratos no producen efecto legal, como su fracción III que dice que puede ser por una jornada inhumana por la notoriamente excesiva, dada la índole del trabajo, a juicio de la Junta de Conciliación y Arbitraje.

Dentro de la jornada laboral, todo trabajador debe gozar de un descanso de media hora, cuanto menos, y sólo si se requiere, extender la jornada horas extras, para lo que el patrón está obligado a pagar un cien por ciento más del salario recibido en las horas dentro de jornada y no pueden ser más de tres horas en un día ni más de nueve en la semana, en cuyo caso se pagarán, cada una al doscientos por ciento del salario que corresponde por hora.

6.4.2. Días de descanso, vacaciones y aguinaldo.

Días de descanso

El día de descanso es aquel destinado a la reposición de fuerza física, mental y emocional del trabajador, así como para que el mismo conviva en actividades que prefiera, con su familia.

En la Ley Federal de Trabajo se establece que por cada seis días de trabajo le corresponde uno de descanso a quien labora, pudiendo designarlo en forma libre el patrón o con apoyo del trabajador o sindicato, pudiendo ser en domingo y si el caso es que no lo sea, que se cubra un adicional del veinticinco por ciento de salario en día ordinario. Además, si se labora en día de descanso, debe disfrutar el trabajador de un salario doble.

En la ley, el articulo 74 presenta los que serán de descanso obligatorio:

I. El 1o. De enero;

II. El 5 de febrero;

III. El 21 de marzo;

IV. El 1o. De mayo;

V. El 16 de septiembre;

VI. El 20 de noviembre;

VII. El 1o. De diciembre de cada seis años, cuando corresponda a la trasmisión del poder ejecutivo federal; y

VIII. El 25 de diciembre.

IX. El que determinen las leyes federales y locales, electorales, en el caso de elecciones ordinarias, para efectuar la jornada electoral.

Vacaciones

Al igual que los días de descanso, las vacaciones tienen como objetivo la recuperación del trabajador, pero estas, al ser de mayor duración, aseguran, además, de acuerdo a Mario de la Cueva en su definición del término "el gusto por su trabajo e intensificar su vida familiar y social", por lo que resulta apropiado y justo que quien labora por más de un año, de acuerdo a la ley, las disfrute.

Es así que el articulo numero setenta y seis dice que los trabajadores que tengan más de un año de servicios disfrutarán de un periodo anual de vacaciones pagadas, que en ningún caso podrá ser inferior a seis días laborables, y que aumentará en dos días laborables, hasta llegar a doce, por cada año subsecuente de servicios.

Después del cuarto año, el periodo de vacaciones aumentará en dos días por cada cinco de servicios.

Dichos periodos deben ser en forma continua, no pueden compensarse con remuneración y además el trabajador disfruta de un aporte económico del veinticinco por ciento del salario recibido durante año, o una remuneración proporcional si este deja el trabajo antes de cumplido el año.

Aguinaldo

Para el trabajador, en su artículo ochenta y siete, la Ley Federal del Trabajo concede un pago por parte del patrón de un aguinaldo, que no pueda ser menor al salario quince días de trabajo por año laborado y no sobrepasar dicho pago del veinte de diciembre en cada año.

Es claro que cada patrón puede extender la cantidad total de pago si lo considera conveniente y favorable a sus trabajadores.

6.4.3. Salario, salario mínimo, salario diario integrado.

Salario

En puntos anteriores hice la mención y definición del salario. En este tema, tomó de base al artículo número 82 de la Ley laboral que lo define como *la retribución que debe pagar el patrón al trabajador por su trabajo*. En este sentido, habrá de entenderse que, como fruto de su esfuerzo, debe ser remunerador y nunca menor al establecido como mínimo, pudiendo fijarse por:

- Unidad de tiempo

- Unidad de obra

- Por Comisión

- A precio alzado

- Cualquier otra forma

Para su pago, en los trabajos materiales no debe extenderse por más de una semana y de quince para todos los demás trabajadores.

Salario integrado.

El salario integrado será, de acuerdo al artículo 84 de la Ley Federal del Trabajo, la suma de los pagos hechos en efectivo por cuta diaria, gratificaciones, percepciones, habitación, primas, comisiones, prestaciones en especio y cualquier otra cantidad o prestación que se entregue al trabajador por su trabajo.

Sin embargo, no se toma en cuenta lo dispuesto en los incisos del artículo 143.

A) Los instrumentos de trabajo, tales como herramientas, ropa y otros similares;

B) El ahorro, cuando se integre por un depósito de cantidad semanaria o mensual igual del trabajador y de la empresa; y las cantidades otorgadas por el patrón para fines sociales o sindicales;

C) Las aportaciones al instituto de fondo nacional de la vivienda para los trabajadores y las participaciones en las utilidades de las empresas;

D) La alimentación y la habitación cuando no se proporcionen gratuitamente al trabajador, así como las despensas;

E) Los premios por asistencia;

F) Los pagos por tiempo extraordinario, salvo cuando este tipo de servicios este pactado en forma de tiempo fijo;

G) Las cuotas al instituto mexicano del seguro social a cargo del trabajador que cubran las empresas.

Salario mínimo.

Cantidad menos que debe entregarse en efectivo al trabajador por una jornada de trabajo, siendo generales los que se rigen en relación al área geográfica determinada sin dependencia a la rama o actividad y los profesionales aquellos que recibe el trabajador profesional por su actividad económica, profesión, oficio o trabajos especiales.

Para fijar los salarios mínimos habrá una comisión nacional integrada por representantes de patrones, trabajadores y de gobierno, auxiliada de comisiones consultivas especiales.

El salario, en protección al trabajador, sólo puede ser objeto de compensación, reducción o descuento, en los siguientes casos:

I. *Pensiones alimenticias decretadas por la autoridad competente en favor de las personas mencionadas en el artículo 110, fracción V; y*

(Artículo 110, fracción V. Pago de pensiones alimenticias en favor de acreedores alimentarios, decretado por la autoridad competente.)

II. *Pago de rentas a que se refiere el artículo 151 (habitación en arrendamiento para el trabajador por parte del patrón). Este descuento no podrá exceder del diez por ciento del salario.*

III. *Pago de abonos para cubrir prestamos provenientes del fondo nacional de la vivienda para los trabajadores destinados a la adquisición, construcción, reparación, ampliación o mejoras de casas habitación o al pago de pasivos adquiridos por estos conceptos. Asimismo, a aquellos trabajadores que se les haya otorgado un crédito para la adquisición de viviendas ubicadas en conjuntos habitacionales financiados por el instituto del fondo nacional de la vivienda para los trabajadores se les descontara el 1% del salario a que se refiere el artículo 143 de esta ley, que se destinara a cubrir los gastos que se eroguen por concepto de administración, operación y mantenimiento del conjunto habitacional de que se trate. Estos descuentos deberán haber sido aceptados libremente por el trabajador y no podrán exceder el 20% del salario.*

IV. Pago de abonos para cubrir créditos otorgados o garantizados por el fondo a que se refiere el artículo 103 bis de esta ley, destinados a la adquisición de bienes de consumo duradero o al pago de servicios. Estos descuentos estarán precedidos de la aceptación que libremente haya hecho el trabajador y no podrán exceder del 10% del salario.

(Artículo 103 bis. El ejecutivo federal, reglamentara la forma y términos en que se establecerá el fondo de fomento y garantía para el consumo de los trabajadores, que otorgara financiamiento para la operación de los almacenes y tiendas a que se refiere el artículo anterior y, asimismo, gestionara de otras instituciones, para conceder y garantizar, créditos baratos y oportunos para la adquisición de bienes y pago de servicios por parte de los trabajadores)

Actividad 6.

1.- Redacte un texto en donde incluya los siguientes términos y, al final, dé la definición de cada uno:

Relación individual de trabajo.

Sujetos de la relación laboral.

Condiciones de trabajo.

Salario y sus tipos.

Vacaciones.

Descanso semanal.

Aguinaldo.

7.- Relaciones Colectivas de Trabajo.

Objetivo: Conocer las formas de agrupación que el derecho laboral permite y combatir las dudas que son comunes en la práctica sobre los derechos colectivos.

7.1. Relaciones colectivas de trabajo.

En el trabajo, cualquier acto que lesione los principios de igualdad y respeto a la dignidad del trabajador serán resueltos por estos mismos, en lo individual, de acuerdo a la Ley Federal y con apoyo de las instituciones; sin embargo, con temor a un estado de desequilibrio, se ha considerado que la protección del trabajo, sus elementos y sujetos puede ser mejor asegurada si se permite a través de grupos de trabajadores o patrones que, en conjunto, protejan intereses comunes.

Es entonces, una relación colectiva de trabajo, la que se da entre un grupo de trabajadores y el empleador.

7.1.1. Coaliciones y Sindicatos.

La ley Federal del Trabajo inicia su título séptimo con un capítulo dedicado a las coaliciones, que define como el acuerdo temporal de un grupo de trabajadores o patrones para la defensa de sus intereses comunes y, a continuación, los numerales siguientes dedican sus textos a lo referente a sindicato, federaciones y confederaciones.

De las nombradas en primer lugar, expresa que es una asociación de trabajadores o patrones y constituida para el estudio, mejoramiento y defensa de sus respectivos intereses, y cuyo derecho de formarse le corresponde a trabajadores y patrones por igual, sin por ese hecho obligar a alguno a formar o no parte del mismo.

Hago una pausa en este momento porque es necesario exponer algunas diferencias esenciales entre las coaliciones y sindicatos, pues puede confundirse uno y otro término.

Las coaliciones y los sindicatos, como punto acorde, se forman por trabajadores o patrones, pero, como veremos más adelante, los segundos deben ser por al menos veinte sujetos y los primeros bastan con dos, además que estos no necesitan llevar a cabo registro mientras que los sindicatos sí. Otro elemento es la temporalidad, pues la coalición habla sobre asuntos actuales y que, al terminar, lo hacen también con la misma, siendo el sindicato continuo.

La ley, en su artículo 360, enumera cinco tipos de sindicatos, que son:

I. Gremiales, los formados por trabajadores de una misma profesión, oficio o especialidad;

II. De empresa, los formados por trabajadores que presten sus servicios en una misma empresa;

III. Industriales, los formados por trabajadores que presten sus servicios en dos o más empresas de la misma rama industrial;

IV. Nacionales de industria, los formados por trabajadores que presten sus servicios en una o varias empresas de la misma rama industrial, instaladas en dos o más Entidades Federativas; y

V. De oficios varios, los formados por trabajadores de diversas profesiones. Estos sindicatos sólo podrán constituirse cuando en el municipio de que se trate, el número de trabajadores de una misma profesión sea menor de veinte.

Partiendo desde la libertad sindical, que es el derecho de los trabajadores para agruparse, se debe entender que los sindicatos tienen capacidad y derecho para redactar los documentos necesarios para constituirse, elección de sus representantes y operación. Además, como parte de la libertad sindical, desde el punto de vista individual, no puede obligarse a nadie a formar parte de él, ni pueden pertenecer los trabajadores menores de catorce años o los trabajadores de confianza, y tampoco los menores de dieciséis integrarse a la directiva.

Como parte de sus labores, el sindicato protege los intereses de todos los trabajadores que lo formen y es imperativo el que todos sus actos, desde la constitución, observen principios de legalidad, transparencia, certeza, gratuidad, inmediatez, imparcialidad y respeto.

Al momento de formarse, los sindicatos habrán de registrarse ante la Secretaria de Trabajo y Previsión Social si trata de carácter federal, o en las Juntas de Conciliación y Arbitraje en los casos de la local y para ello, en concordancia con la ley, deben remitir por duplicado lo siguiente:

I. Copia autorizada del acta de la asamblea constitutiva;

II. Una lista con el número, nombres y domicilios de sus miembros y con el nombre y domicilio de los patrones, empresas o establecimientos en los que se prestan los servicios;

III. Copia autorizada de los estatutos; y

IV. Copia autorizada del acta de la asamblea en que se hubiese elegido la directiva.

Para el registro, los sindicatos deben indicar:

I. Domicilio;

II. Número de registro;

III. Nombre del sindicato;

IV. Nombre de los integrantes del Comité Ejecutivo;

V. Fecha de vigencia del Comité Ejecutivo;

VI. Número de socios, y

VII. Central obrera a la que pertenecen, en su caso.

7.1.2. Contrato colectivo de trabajo.

Un contrato colectivo de trabajo es el documento que se firma para iniciar las relaciones laborales de la misma naturaleza y éste puede celebrarse por el patrón y el sindicato para expresar las condiciones en que habrá de desarrollarse la actividad laboral y si concurren distintos sindicatos en una misma empresa, se estará a lo dispuesto por el artículo 388 de la ley, en sus tres fracciones:

I. Si concurren sindicatos de empresa o industriales o unos y otros, el contrato colectivo se celebrará con el que tenga mayor número de trabajadores dentro de la empresa;

II. Si concurren sindicatos gremiales, el contrato colectivo se celebrará con el conjunto de los sindicatos mayoritarios que representen a las profesiones, siempre que se pongan de acuerdo. En caso contrario, cada sindicato celebrará un contrato colectivo para su profesión; y

III. Si concurren sindicatos gremiales y de empresa o de industria, podrán los primeros celebrar un contrato colectivo para su profesión, siempre que el número de sus afiliados sea mayor que el de los trabajadores de la misma profesión que formen parte del sindicato de empresa o de industria.

El contrato al que hacemos mención, de acuerdo a la ley, debe estar necesariamente por escrito y entregarse tres ejemplares, una a la Junta Local o Federal de Conciliación, otra al patrón y la última al trabajador, que deberá contener los siguientes requisitos, de acuerdo al artículo 391 de la ley:

I. Los nombres y domicilios de los contratantes;

II. Las empresas y establecimientos que abarque;

III. Su duración o la expresión de ser por tiempo indeterminado o para obra determinada;

IV. Las jornadas de trabajo;

V. Los días de descanso y vacaciones;

VI. El monto de los salarios;

VII. Las cláusulas relativas a la capacitación o adiestramiento de los trabajadores en la empresa o establecimientos que comprenda;

VIII. Disposiciones sobre la capacitación o adiestramiento inicial que se deba impartir a quienes vayan a ingresar a laborar a la empresa o establecimiento;

IX. Las bases sobre la integración y funcionamiento de las Comisiones que deban integrarse de acuerdo con esta Ley; y,

X. Las demás estipulaciones que convengan las partes.

Dentro del contrato, preciso es mencionar, no deben concederse condiciones menos favorables para los trabajadores que las ya contenidas en los contratos vigentes de la empresa y podrá integrarse que el patrón admita en forma exclusiva como trabajador a quien sea miembro del sindicato, pero no así afectar a quienes ya formen parte de la empresa. Sus cláusulas son extensivas a todos los miembros de la misma, con excepción, salvo pacto en contrario, de los trabajadores de confianza.

Con el fin de mantener un clima de seguridad a los trabajadores, el contrato colectivo debe llevarse a revisión, cada año en lo que respecta a los salarios y conforme al artículo 399:

Artículo 399.- La solicitud de revisión deberá hacerse, por lo menos, sesenta días antes:

I. Del vencimiento del contrato colectivo por tiempo determinado, si éste no es mayor de dos años;

II. Del transcurso de dos años, si el contrato por tiempo determinado tiene una duración mayor; y

III. Del transcurso de dos años, en los casos de contrato por tiempo indeterminado o por obra determinada.

Para dicha revisión, se debe atender lo siguiente:

I. Si se celebró por un solo sindicato de trabajadores o por un solo patrón, cualquiera de las partes podrá solicitar su revisión;

II. Si se celebró por varios sindicatos de trabajadores, la revisión se hará siempre que los solicitantes representen el cincuenta y uno por ciento de la totalidad de los miembros de los sindicatos, por lo menos; y

III. Si se celebró por varios patrones, la revisión se hará siempre que los solicitantes tengan el cincuenta y uno por ciento de la totalidad de los trabajadores afectados por el contrato, por lo menos.

Causas de terminación de contrato:

I. Por mutuo consentimiento;

II. Por terminación de la obra; y

III. En los casos del capítulo VIII de este Título, por cierre de la empresa o establecimiento, siempre que, en este último caso, el contrato colectivo se aplique exclusivamente en el establecimiento.

7.2. Huelga: Definición, objetivos, clases y procedimiento.

Definición.

La huelga representa para los trabajadores una luz en la búsqueda de mejores condiciones laborales y el respeto a los ordenamientos y normas de la materia. En nuestra legislación, la Ley Federal del Trabajo la contiene para que al momento de que una coalición de trabajadores la materialice, sea está regulada en sus procedimientos.

Siendo su primer objetivo la suspensión de labores, no pueden permitirse actos de violencia de ningún tipo.

Son objetivos de la huelga los señalados en el Artículo 450.

La huelga deberá tener por objeto:

I. Conseguir el equilibrio entre los diversos factores de la prod ucción, armonizando los derechos del trabajo con los del capital;

II. Obtener del patrón o patrones la celebración del contrato c olectivo de trabajo y exigir su revisión al terminar el período de su vigencia, de conformidad con lo dispuesto en el Capítulo III del Título Séptimo;

III. Obtener de los patrones la celebración del contrato ley y exigir su revisión al terminar el período de su vigencia, de conformidad con lo dispuesto en el Capítulo IV del Título Séptimo;

IV. Exigir el cumplimiento del contrato colectivo de trabajo o del contrato-ley en las empresas o establecimientos en que hubiese sido violado;

V. Exigir el cumplimiento de las disposiciones legales sobre participación de utilidades;

VI. Apoyar una huelga que tenga por objeto alguno de los enumerados en las fracciones anteriores; y

VII. Exigir la revisión de los salarios contractuales a que se refieren los artículos 399 bis y 419 bis.

Para ampliar el contenido de la fracción VII, agrego los artículos que menciona.

Artículo 399.- La solicitud de revisión deberá hacerse, por lo menos, sesenta días antes:

I. Del vencimiento del contrato colectivo por tiempo determinado, si éste no es mayor de dos años;

II. Del transcurso de dos años, si el contrato por tiempo determinado tiene una duración mayor; y

III. Del transcurso de dos años, en los casos de contrato por tiempo indeterminado o por obra determinada.

Artículo 419 Bis. Los contratos ley será revisables cada año en lo que se refiere al salario en efectivo por cuota diaria.

La solicitud de esta revisión deberá hacerse por lo menos sesenta días antes del cumplimiento de un año transcurrido desde la fecha en que surta efectos la celebración, revisión o prórroga del contrato-ley.

Clases de huelga.

Al ser la huelga la suspensión de actividades laborales y limitadas solo a ese hecho, la ley hace una diferenciación entre los distintos tipos.

Huelga existente

Aquella que cubre los requisitos del articulo 450 y que son el objeto y que enumero:

I. Conseguir el equilibrio entre los diversos factores de la producción, armonizando los derechos del trabajo con los del capital;

II. Obtener del patrón o patrones la celebración del contrato colectivo de trabajo y exigir su revisión al terminar el periodo de su vigencia, de conformidad con lo dispuesto en el capítulo III del título séptimo;

III. Obtener de los patrones la celebración del contrato-ley y exigir su revisión al terminar el periodo de su vigencia, de conformidad con lo dispuesto en el capítulo IV del título séptimo;

IV. Exigir el cumplimiento del contrato colectivo de trabajo o del contrato-ley en las empresas o establecimientos en que hubiese sido violado;

V. Exigir el cumplimiento de las disposiciones legales sobre participación de utilidades;

VI. Apoyar una huelga que tenga por objeto alguno de los enumerados en las fracciones anteriores; y

VII. Exigir la revisión de los salarios contractuales a que se refieren los artículos 399 bis y 419 bis.

Huelga Ilícita

La huelga tiene carácter ilícito:

I. Cuando la mayoría de los huelguistas ejecuten actos violentos contra las personas o las propiedades; y

II. En caso de guerra, cuando los trabajadores pertenezcan a establecimientos o servicios que dependan del gobierno.

Huelga justificada

La que se da cuando los motivos que la generaron sean imputables al patrón.

Huelga legalmente inexistente

Se da en los siguientes casos:

I. La suspensión del trabajo se realiza por un número de trabajadores menor al fijado en el artículo 451, fracción II;

II. No ha tenido por objeto alguno de los establecidos en el artículo 450; y

III. No se cumplieron los requisitos señalados en el artículo 452.

No podrá declararse la inexistencia de una huelga por causas distintas a las señaladas en las fracciones anteriores.

Debe terminar la huelga:

I. Por acuerdo entre los trabajadores huelguistas y los patrones;

II. Si el patrón se allana, en cualquier tiempo, a las peticiones contenidas en el escrito de emplazamiento de huelga y cubre los salarios que hubiesen dejado de percibir los trabajadores;

III. Por laudo arbitral de la persona o comisión que libremente elijan las partes; y

IV. Por laudo de la junta de conciliación y arbitraje si los trabajadores huelguistas someten el conflicto a su decisión.

Actividad 7.

1.- Mencione cuáles son las similitudes y las diferencias entre las relaciones colectivas e individuales de trabajo y entre estas y sus contratos.

8.- Riesgos de Trabajo.

Objetivo: Diagnosticar las fuentes de riesgos, sus definiciones, causas y formas para solucionarlos.

8.1. Concepto de Riesgos, Accidentes y Enfermedades de trabajo.

La Ley Federal del Trabajo, a partir de su artículo 472, da definiciones, obligaciones, derechos y otros elementos relativos a los riesgos de trabajo, que serán aplicables a todas las relaciones de trabajo, con excepción a lo consignado en el artículo 352, que dice:

Artículo 352. No se aplican a los talleres familiares las disposiciones de esta ley, con excepción de las normas relativas a higiene y seguridad.

Para este punto, utilizaré los artículos de la ley ya mencionada.

Riesgos de trabajo.

Artículo 473. Riesgos de trabajos son los accidentes y enfermedades a que están expuestos los trabajadores en ejercicio o con motivo del trabajo.

Accidente de trabajo.

Artículo 474. Accidente de trabajo es toda lesión orgánica o perturbación funcional, inmediata o posterior, o la muerte, producida repentinamente en ejercicio, o con motivo del trabajo, cualesquiera que sean el lugar y el tiempo en que se preste.

Quedan incluidos en la definición anterior los accidentes que se produzcan al trasladarse el trabajador directamente de su domicilio al lugar del trabajo y de este a aquel.

Enfermedad de trabajo.

Artículo 475. Enfermedad de trabajo es todo estado patológico derivado de la acción continuada de una causa que tenga su origen o motivo en el trabajo o en el medio en que el trabajador se vea obligado a prestar sus servicios.

En las enfermedades, se incluyen todas las que el articulo 513 menciona en su texto.

8.2. Incapacidades por Riesgos de Trabajo, derechos e indemnizaciones.

Los riesgos de trabajo, en su división, al materializarse, pueden producir distintas consecuencias, son entonces:

1.- Incapacidad temporal,

2.- Incapacidad permanente parcial,

3.- Incapacidad permanente total, y

4.- Muerte.

La primera, incapacidad temporal, sucede a la pérdida de facultades o aptitudes que imposibilitan en forma total o parcial a un sujeto para llevar a cabo su trabajo durante una temporada; la incapacidad permanente parcial es la disminución de las facultades o aptitudes de una persona para trabajar, y es continua, no se revierte con el tiempo; el tercer número se entiende como la pérdida de facultades o aptitudes de una persona que le deja imposibilitado en forma total para desempeñar cualquier tipo de trabajo para siempre; por último, entendemos la muerte como pérdida de la vida.

En cualquiera de los casos de incapacidad, al trabajador debe entregarse personalmente la indemnización, determinada por el salario diario que le corresponde al trabajador, y si ocurre pérdida de la capacidad mental, será a quien se deje a su cuidado; además, en el último caso, la muerte, serán los beneficiarios del trabajador, quienes también pueden continuar con los juicios sin tener que iniciar uno en materia de sucesiones.

Por otra parte, el trabajador que sufra una **incapacidad**, tendrá derecho a lo establecido en el artículo número 487 de la ley en la materia, que son:

I. Asistencia médica y quirúrgica;

II. Rehabilitación;

III. Hospitalización, cuando el caso lo requiera;

IV. Medicamentos y material de curación;

V. Los aparatos de prótesis y ortopedia necesarios; y

VI. La indemnización fijada en el presente título.

Para el caso de **muerte**, la indemnización se dará en los siguientes términos:

I. La viuda, o el viudo que hubiese dependido económicamente de la trabajadora y que tenga una incapacidad de cincuenta por ciento o más, y los hijos menores de dieciséis años y los mayores de esta edad si tienen una incapacidad de cincuenta por ciento o más;

II. Los ascendientes concurrirán con las personas mencionadas en la fracción anterior, a menos que se pruebe que no dependían económicamente del trabajador;

III. A falta de cónyuge supérstite, concurrirá con las personas señaladas en las dos fracciones anteriores, la persona con quien el trabajador vivió como si fuera su cónyuge durante los cinco años que precedieron inmediatamente a su muerte, o con la que tuvo hijos, siempre que ambos hubieran permanecido libres de matrimonio durante el concubinato.

IV. A falta de cónyuge supérstite, hijos y ascendientes, las personas que dependían económicamente del trabajador concurrirán con la persona que reúna los requisitos señalados en la fracción anterior, en la proporción en que cada una dependía de él; y

V. A falta de las personas mencionadas en las fracciones anteriores, el instituto mexicano del seguro social.

Pero el patrón no estará obligado en los casos siguientes:

I. Si el accidente ocurre encontrándose el trabajador en estado de embriaguez;

II. Si el accidente ocurre encontrándose el trabajador bajo la acción de algún narcótico o droga enervante, salvo que exista prescripción médica y que el trabajador hubiese puesto el hecho en conocimiento del patrón y le hubiese presentado la prescripción suscrita por el medico;

III. Si el trabajador se ocasiona intencionalmente una lesión por si solo o de acuerdo con otra persona; y

IV. Si la incapacidad es el resultado de alguna riña o intento de suicidio.

El patrón queda en todo caso obligado a prestar los primeros auxilios y a cuidar del traslado del trabajador a su domicilio o a un centro médico.

Actividad 8.
1.- ¿Qué son los riesgos de trabajo y las indemnizaciones?

9.- Seguridad Social.

Objetivo: Analizar los elementos relativos a la seguridad social, partiendo desde el estudio de conceptos base, procedimientos y órganos relativos.

9.1. Conceptos básicos de la seguridad social.

Al igual que en cualquier otra ciencia, es necesario para el derecho que se manifiesten dentro de sus normas y cualquier otro documento, los principales conceptos que habrán de utilizarse en el proceso de enseñanza.

En el caso del Derecho laboral y, en concreto, la Seguridad Social, la ley de la materia que lleva precisamente ese nombre enlista en sus primeros artículos los términos claves. Enseguida cubro los más sobresalientes.

1.- Sujetos o sujeto obligado: Los señalados en los artículos 12, 13, 229, 230, 241 y 250-A de la ley, cuando tengan la obligación de retener las cuotas obrero-patronales del Seguro Social o de realizar el pago de las mismas, y los demás que se establezcan en la Ley del Seguro Social.

Es decir, Las personas que de conformidad con los artículos 20 y 21 de la Ley Federal del Trabajo, presten, en forma permanente o eventual, a otras de carácter físico o moral o unidades económicas sin personalidad jurídica, un servicio remunerado, personal y subordinado; los socios de sociedades cooperativas; las personas que determine el Ejecutivo Federal a través del Decreto respectivo; los trabajadores en industrias familiares y los independientes, como profesionales, comerciantes en pequeño, artesanos y demás trabajadores no asalariados; los trabajadores domésticos; los ejidatarios, comuneros, colonos y pequeños propietarios; los patrones personas físicas con trabajadores asegurados a su servicio, y los trabajadores al servicio de las administraciones públicas de la Federación, entidades federativas y municipios que estén excluidas o no comprendidas en otras leyes o decretos como sujetos de seguridad social; empresas, instituciones de crédito o entidades públicas o privadas, con las que aquéllos tengan relaciones comerciales o jurídicas derivadas de su actividad, previa conformidad de los sujetos de aseguramiento; El asegurado; El pensionado por:

a) Incapacidad permanente total o parcial;

b) Invalidez;

c) Cesantía en edad avanzada y vejez, y

d) Viudez, orfandad o ascendencia;

La esposa del asegurado o, a falta de ésta, la mujer con quien ha hecho vida marital durante los cinco años anteriores a la enfermedad, o con la que haya procreado hijos, siempre que ambos permanezcan libres de matrimonio. Si el asegurado tiene varias concubinas ninguna de ellas tendrá derecho a la protección. Del mismo derecho gozará el esposo de la asegurada o, a falta de éste el concubinario, siempre que hubiera dependido económicamente de la asegurada; la esposa del pensionado en los términos de a) Incapacidad permanente total o parcial; b) Invalidez; c) Cesantía en edad avanzada y vejez, a falta de esposa, la concubina si se reúnen los requisitos de la fracción III (con quien ha hecho vida marital durante los cinco años anteriores a la enfermedad, o con la que haya procreado hijos, siempre que ambos permanezcan libres de matrimonio); el esposo de la pensionada o a falta de éste el concubinario, si reúne los requisitos de la fracción III (con quien ha hecho vida marital durante los cinco años anteriores a la enfermedad, o con la que haya procreado hijos, siempre que ambos permanezcan libres de matrimonio); los hijos menores de dieciséis años del asegurado y de los pensionados, en los términos consignados en las fracciones anteriores; los hijos del asegurado cuando no puedan mantenerse por su propio trabajo debido a una enfermedad crónica o discapacidad por deficiencias físicas, mentales, intelectuales o sensoriales, hasta en tanto no desaparezca la incapacidad que padecen o hasta la edad de veinticinco años cuando realicen estudios en planteles del sistema educativo nacional; los hijos mayores de dieciséis años de los pensionados por invalidez, cesantía en edad avanzada y vejez, que se encuentren disfrutando de asignaciones familiares, así como los de los pensionados por incapacidad permanente, en los mismos casos y condiciones establecidos en el artículo 136 de la Ley del Seguro Social (Artículo 136. El derecho al goce de la pensión de orfandad comenzará desde el día del fallecimiento del asegurado o pensionado por invalidez y cesará con la muerte del beneficiario, o cuando éste haya alcanzado los dieciséis años de edad. Con la última mensualidad se otorgará al huérfano un pago finiquito equivalente a tres mensualidades de su pensión); el padre y la madre del asegurado que vivan en el hogar de éste, y el padre y la madre del pensionado en los términos de a) Incapacidad permanente total o parcial; b) Invalidez; c) Cesantía en edad avanzada y vejez, que vivan en el hogar de éste; personas, grupos o núcleos de población de menores ingresos, que determine el Gobierno Federal, como sujetos de solidaridad social.

2.- Sujetos o sujeto de aseguramiento: Los señalados en los artículos 12, 13, 241 y 250 A, de la Ley.

Artículo 12. Son sujetos de aseguramiento del régimen obligatorio:

I. Las personas que de conformidad con los artículos 20 y 21 de la Ley Federal del Trabajo, presten, en forma permanente o eventual, a otras de carácter físico o moral o unidades económicas sin personalidad jurídica, un servicio remunerado, personal y subordinado, cualquiera que sea el acto que le dé origen y cualquiera que sea la personalidad jurídica o la naturaleza económica del patrón aun cuando éste, en virtud de alguna ley especial, esté exento del pago de contribuciones;

II. Los socios de sociedades cooperativas, y

III. Las personas que determine el Ejecutivo Federal a través del Decreto respectivo, bajo los términos y condiciones que señala esta Ley y los reglamentos correspondientes.

Artículo 13. Voluntariamente podrán ser sujetos de aseguramiento al régimen obligatorio:

I. Los trabajadores en industrias familiares y los independientes, como profesionales, comerciantes en pequeño, artesanos y demás trabajadores no asalariados;

II. Los trabajadores domésticos;

III. Los ejidatarios, comuneros, colonos y pequeños propietarios;

IV. Los patrones personas físicas con trabajadores asegurados a su servicio, y

V. Los trabajadores al servicio de las administraciones públicas de la Federación, entidades federativas y municipios que estén excluidas o no comprendidas en otras leyes o decretos como sujetos de seguridad social.

Mediante convenio con el Instituto se establecerán las modalidades y fechas de incorporación al régimen obligatorio, de los sujetos de aseguramiento comprendidos en este artículo.

Artículo 241. Los sujetos amparados por el seguro de salud para la familia son los señalados en el artículo 84 de esta Ley y se sujetarán a los requisitos que se indican en el mismo.

Artículo 84. Quedan amparados por este seguro:

I. El asegurado;

II. El pensionado por:

a) Incapacidad permanente total o parcial;

b) Invalidez;

c) Cesantía en edad avanzada y vejez, y

d) Viudez, orfandad o ascendencia;

III. La esposa del asegurado o, a falta de ésta, la mujer con quien ha hecho vida marital durante los cinco años anteriores a la enfermedad, o con la que haya procreado hijos, siempre que ambos permanezcan libres de matrimonio. Si el asegurado tiene varias concubinas ninguna de ellas tendrá derecho a la protección.

Del mismo derecho gozará el esposo de la asegurada o, a falta de éste el concubinario, siempre que hubiera dependido económicamente de la asegurada, y reúnan, en su caso, los requisitos del párrafo anterior;

IV. La esposa del pensionado en los términos de los incisos a), b) y c) de la fracción II, a falta de esposa, la concubina si se reúnen los requisitos de la fracción III. Del mismo derecho gozará el esposo de la pensionada o a falta de éste el concubinario, si reúne los requisitos de la fracción III;

V. Los hijos menores de dieciséis años del asegurado y de los pensionados, en los términos consignados en las fracciones anteriores;

VI. Los hijos del asegurado cuando no puedan mantenerse por su propio trabajo debido a una enfermedad crónica o discapacidad por deficiencias físicas, mentales, intelectuales o sensoriales, hasta en tanto no desaparezca la incapacidad que padecen o hasta la edad de veinticinco años cuando realicen estudios en planteles del sistema educativo nacional;

VII. Los hijos mayores de dieciséis años de los pensionados por invalidez, cesantía en edad avanzada y vejez, que se encuentren disfrutando de asignaciones familiares, así como los de los pensionados por incapacidad permanente, en los mismos casos y condiciones establecidos en el artículo 136;

VIII. El padre y la madre del asegurado que vivan en el hogar de éste, y

IX. El padre y la madre del pensionado en los términos de los incisos a), b) y c) de la fracción II, si reúnen el requisito de convivencia señalado en la fracción VIII.

Los sujetos comprendidos en las fracciones III a IX, inclusive, tendrán derecho a las prestaciones respectivas si reúnen además los requisitos siguientes:

a) Que dependan económicamente del asegurado o pensionado, y

b) Que el asegurado tenga derecho a las prestaciones consignadas en el artículo 91 de esta Ley.

Artículo 250 A. El Instituto previo acuerdo de su Consejo Técnico, podrá otorgar coberturas de seguros de vida y otras, exclusivamente a favor de las personas, grupos o núcleos de población de menores ingresos, que determine el Gobierno Federal, como sujetos de solidaridad social con las sumas aseguradas, y condiciones que este último establezca.

Asimismo, el Instituto previo acuerdo de su Consejo Técnico, podrá utilizar su infraestructura y servicios, a requerimiento del Gobierno Federal, en apoyo de programas de combate a la marginación y la pobreza considerados en el Presupuesto de Egresos de la Federación. Para efectos de este artículo, el Gobierno Federal proveerá oportunamente al Instituto los *recursos financieros necesarios con cargo al programa y partida correspondientes para solventar los servicios que le encomiende.*

3.- Asegurados o asegurado: El trabajador o sujeto de aseguramiento inscrito ante el Instituto, en los términos de la Ley.

4.- Beneficiarios: El cónyuge del asegurado o pensionado y a falta de éste, la concubina o el concubinario en su caso, así como los ascendientes y descendientes del asegurado o pensionado señalados en la Ley.

5.- Derechohabientes o derechohabiente: El asegurado, el pensionado y los beneficiarios de ambos, que en los términos de la Ley tengan vigente su derecho a recibir las prestaciones del Instituto.

6.- Pensionados o pensionado: El asegurado que por resolución del Instituto tiene otorgada pensión por: incapacidad permanente total; incapacidad permanente parcial superior al cincuenta por ciento o en su caso incapacidad permanente parcial entre el veinticinco y el cincuenta por ciento; invalidez; cesantía en edad avanzada y vejez, así como los beneficiarios de aquél cuando por resolución del Instituto tengan otorgada pensión de viudez, orfandad, o de ascendencia.

7.- Cuotas obrero patronales o cuotas: Las aportaciones de seguridad social establecidas en la Ley a cargo del patrón, trabajador y sujetos obligados.

8.- Cédulas o cédula de determinación: El medio magnético, digital, electrónico, óptico, magneto óptico o de cualquier otra naturaleza, o bien el documento impreso, en el que el patrón o sujeto obligado determina el importe de las cuotas a enterar al Instituto, el cual puede ser emitido y entregado por el propio Instituto.

9.- Cédulas o cédula de liquidación: El medio magnético, digital, electrónico o de cualquier otra naturaleza, o bien el documento impreso, mediante el cual el Instituto, en ejercicio de sus facultades como organismo fiscal autónomo, determina en cantidad líquida los créditos fiscales a su favor previstos en la Ley.

9.2. Regulación legal de la seguridad social.

a) Ley de Seguridad Social.

La Ley de Seguridad Social es de observancia general en toda la República, en la forma y términos que la misma establece, sus disposiciones son de orden público y de interés social. En ella se indica, dentro de su artículo número dos, que la seguridad social tiene por finalidad garantizar el derecho a la salud, asistencia médica, protección de los medios de subsistencia y los servicios sociales necesarios para el bienestar individual y colectivo, así como el otorgamiento de una pensión que, en su caso y previo cumplimiento de los requisitos legales, será garantizada por el Estado, siendo materializada por entidades o dependencias públicas, federales o locales y de organismos descentralizados, conforme a lo dispuesto por la misma Ley y demás ordenamientos legales sobre la materia.

El Seguro Social es el instrumento básico de la seguridad social, establecido como un servicio público de carácter nacional, sin perjuicio de los sistemas instituidos por otros ordenamientos.

La organización y administración del Seguro Social, en los términos consignados en esta Ley, están a cargo del organismo público descentralizado con personalidad jurídica y patrimonio propios, de integración operativa tripartita, en razón de que a la misma concurren los sectores público, social y privado, denominado Instituto Mexicano del Seguro Social, el cual tiene también el carácter de organismo fiscal autónomo.

Los regímenes, sujetos y obligaciones, serán tratados más adelante.

b) Ley del Instituto de Seguridad y Servicios Sociales de los Trabajadores del Estado.

Artículo 1. La presente Ley es de orden público, de interés social y de observancia en toda la República, y se aplicará a las Dependencias, Entidades, Trabajadores al servicio civil, Pensionados y Familiares Derechohabientes, de:

I. La Presidencia de la República, las Dependencias y Entidades de la Administración Pública Federal, incluyendo al propio Instituto;

II. Ambas cámaras del Congreso de la Unión, incluidos los diputados y senadores, así como los Trabajadores de la Entidad de Fiscalización Superior de la Federación;

III. El Poder Judicial de la Federación, incluyendo a los ministros de la Suprema Corte de Justicia de la Nación, magistrados y jueces, así como consejeros del Consejo de la Judicatura Federal;

IV. La Procuraduría General de la República;

V. Los órganos jurisdiccionales autónomos;

VI. Los órganos con autonomía por disposición constitucional;

VII. El Gobierno del Distrito Federal, sus órganos político administrativos, sus órganos autónomos, sus Dependencias y Entidades, la Asamblea Legislativa del Distrito Federal, incluyendo sus diputados, y el órgano judicial del Distrito Federal, incluyendo magistrados, jueces y miembros del Consejo de la Judicatura del Distrito Federal, conforme a su normatividad específica y con base en los convenios que celebren con el Instituto, y

VIII. Los gobiernos de las demás Entidades Federativas de la República, los poderes legislativos y judiciales locales, las administraciones públicas municipales, y sus Trabajadores, en aquellos casos en que celebren convenios con el Instituto en los términos de esta Ley.

Artículo 2. La seguridad social de los Trabajadores comprende:

I. El régimen obligatorio, y

II. El régimen voluntario.

Artículo 3. Se establecen con carácter obligatorio los siguientes seguros:

I. De salud, que comprende:

a) Atención médica preventiva;

b) Atención médica curativa y de maternidad, y

c) Rehabilitación física y mental;

II. De riesgos del trabajo;

III. De retiro, cesantía en edad avanzada y vejez, y

IV. De invalidez y vida.

Artículo 4. Se establecen con carácter obligatorio las siguientes prestaciones y servicios:

I. Préstamos hipotecarios y financiamiento en general para vivienda, en sus modalidades de adquisición en propiedad de terrenos o casas habitación, construcción, reparación, ampliación o mejoras de las mismas; así como para el pago de pasivos adquiridos por estos conceptos;

II. *Préstamos personales:*

a) Ordinarios;

b) Especiales;

c) Para adquisición de bienes de consumo duradero, y

d) Extraordinarios para damnificados por desastres naturales;

III. *Servicios sociales, consistentes en:*

a) Programas y servicios de apoyo para la adquisición de productos básicos y de consumo para el hogar;

b) Servicios turísticos;

c) Servicios funerarios, y

d) Servicios de atención para el bienestar y desarrollo infantil;

IV. *Servicios culturales, consistentes en:*

a) Programas culturales;

b) Programas educativos y de capacitación;

c) Atención a jubilados, Pensionados y discapacitados, y

d) Programas de fomento deportivo.

Artículo 5. La administración de los seguros, prestaciones y servicios establecidos en el presente ordenamiento, así como la del Fondo de la Vivienda, del PENSIONISSSTE, de sus delegaciones y de sus demás órganos desconcentrados, estarán a cargo del organismo descentralizado con personalidad jurídica y patrimonio propios, denominado Instituto de Seguridad y Servicios Sociales de los Trabajadores del Estado, con domicilio en la Ciudad de México, Distrito Federal, que tiene como objeto contribuir al bienestar de los Trabajadores, Pensionados y Familiares

Derechohabientes, en los términos, condiciones y modalidades previstos en esta Ley.

Artículo 9. El Instituto expedirá a todos los Derechohabientes de esta Ley, un medio de identificación para ejercer los derechos que la misma les confiere.

Para estos efectos, las Dependencias y Entidades estarán obligadas a proporcionar al Instituto los apoyos necesarios de acuerdo con los lineamientos que éste emita.

Artículo 10. El Instituto definirá los medios para integrar un expediente electrónico único para cada Derechohabiente.

El expediente integrará todo lo relativo a vigencia de derechos, historial de cotización, situación jurídica, historia clínica, historia crediticia institucional, así como otros conceptos que se definan en el reglamento respectivo.

Los datos y registros que se asienten en el expediente electrónico serán confidenciales y la revelación de los mismos a terceros, sin autorización expresa de las autoridades del Instituto y del Derechohabiente respectivo o sin causa legal que lo justifique, será sancionada en los términos de la legislación penal federal vigente.

El personal autorizado para el manejo de la información contenida en el expediente electrónico, así como los Derechohabientes tendrán acceso a la información de sus expedientes mediante los mecanismos y normas que establezca el Instituto.

Artículo 11. Para que los Derechohabientes puedan utilizar los seguros, prestaciones y servicios que les corresponden en términos de esta Ley, deberán cumplir los requisitos aplicables.

9.3. Estructura y atribuciones del Instituto Mexicano del Seguro Social.

Sabemos, al dirigirnos al portal en línea del Instituto, fuente confiable de información por basarse en la Ley, que el mismo es la institución con mayor presencia en la atención a la salud y en la protección social de los mexicanos desde su fundación en 1943, y que para ello combina la investigación y la práctica médica, con la administración de los recursos para el retiro de sus asegurados, para brindar tranquilidad y estabilidad a los trabajadores y sus familias, ante cualquiera de los riesgos especificados en la Ley del Seguro Social.

El Instituto Mexicano del Seguro Social tiene un mandato legal derivado del Artículo 123 de la Constitución Política de los Estados Unidos Mexicanos. Su misión es ser el instrumento básico de la seguridad social, establecido como un servicio público de carácter nacional, para todos los trabajadores y sus familias. Es decir, el aumento en la cobertura de la población se persigue como un mandato constitucional, con un sentido social. Por su parte, el Artículo dos de la Ley del Seguro Social establece que la seguridad social tiene por finalidad garantizar el derecho a la salud, la asistencia médica, la protección de los medios de subsistencia y los servicios sociales necesarios para el bienestar individual y colectivo, así como el otorgamiento de una pensión que, en su caso y previo cumplimiento de los requisitos legales, será garantizada por el Estado.

Ahora bien, el instituto que definimos tiene facultades y atribuciones contenidas en su ley, que le habrán de permitir alcanzar sus fines, de acuerdo a los principios de la materia. El artículo 251 otorga, entre otras no menos importantes, las siguientes:

1.- Administrar los seguros de riesgos de trabajo, enfermedades y maternidad, invalidez y vida, guarderías y prestaciones sociales, salud para la familia y adicionales, que integran al seguro social y prestar los servicios de beneficio colectivo que señala esta ley.

2.- Invertir sus fondos de acuerdo con las disposiciones de esta ley.

3.- Realizar toda clase de actos jurídicos necesarios para cumplir con sus fines, así como aquellos que fueren necesarios para la administración de las finanzas institucionales.

4.- Establecer clínicas, hospitales, guarderías infantiles, farmacias, centros de convalecencia y vacacionales, velatorios, así como centros de capacitación, deportivos, de seguridad social para el bienestar familiar y demás establecimientos para el cumplimiento de los fines que le son propios, sin sujetarse a las condiciones salvo las sanitarias, que fijen las leyes y reglamentos respectivos para empresas privadas, con actividades similares.

5.- Expedir sus reglamentos interiores.

6.- Difundir conocimientos y prácticas de previsión y seguridad social.

7.- Registrar a los patrones y demás sujetos obligados, inscribir a los trabajadores asalariados e independientes y precisar su base de cotización aun sin previa gestión de los interesados, sin que ello libere a los obligados de las responsabilidades y sanciones por infracciones en que hubiesen incurrido.

8.- Dar de baja del régimen a los sujetos asegurados, verificada la desaparición del supuesto de hecho que dio origen a su aseguramiento, aun cuando el patrón o sujeto obligado hubiese omitido presentar el aviso de baja respectivo.

9.- Recaudar y cobrar las cuotas de los seguros de riesgos de trabajo, enfermedades y maternidad, invalidez y vida, guarderías y prestaciones sociales, salud para la familia y adicionales, los capitales constitutivos, así como sus accesorios y percibir los demás recursos del instituto; así como la recaudación y el cobro de las cuotas del seguro de retiro, cesantía en edad avanzada y vejez.

10.- Establecer los procedimientos para la inscripción, cobro de cuotas y otorgamiento de prestaciones.

11.-Ordenar y practicar visitas domiciliarias con el personal que al efecto se designe y requerir la exhibición de libros y documentos a fin de comprobar el cumplimiento de las obligaciones que establece la ley del seguro social y demás disposiciones aplicables.

12.-Las demás que le otorguen esta ley, sus reglamentos y cualesquiera otras disposiciones aplicables.

1.- Órganos superiores.

Para que nuestro Instituto funcione de manera óptima y rinda los frutos que se requieren para garantizar la Seguridad Social, es preciso, como con cualquier otro órgano o institución, que se organice en distintas áreas encargadas de asuntos específicos y que, a su vez, estas dividan su ejercicio en algunas más, desarrollando sus labores con eficacia y eficiencia. En los siguientes apartados se encontrarán la organización y algunas de las facultades y atribuciones trascendentes de cada cuerpo, en concordancia con lo que las leyes respectivas señalan y de acuerdo a lo que la información pública de las mismas permite reproducir.

a) Asamblea General.

Es la autoridad suprema del Instituto, y está compuesto por treinta miembros, organizados en tres grupos que son de:

El Ejecutivo Federal

Las Organizaciones Patronales

Las Organizaciones de Trabajadores

Se encarga de determinar el estado de ingresos y gastos, además de revisar la suficiencia de recursos, y será presidida por el Director General del IMSS.

b) H. Consejo Técnico.

Es el representante del Instituto ante la ley, se conforma por el Director General y miembros que pertenecen a diferentes Secretarías como: Hacienda y Crédito Público, Salud y Trabajo y Previsión Social, su función principal es promover el equilibrio financiero.

De acuerdo al artículo 263 de la Ley de Seguridad Social, el Consejo Técnico es el órgano de gobierno, representante legal y el administrador del Instituto y estará integrado hasta por doce miembros, correspondiendo designar cuatro de ellos a los representantes patronales en la Asamblea General, cuatro a los representantes de los trabajadores y cuatro a los representantes del Estado, con sus respectivos suplentes y el Ejecutivo Federal cuando lo estime conveniente, podrá disminuir a la mitad la representación estatal.

Los integrantes son:

Director General del IMSS y Presidente del H. Consejo Técnico

Secretario General del IMSS y Secretario Técnico del H. Consejo Técnico

Representantes del Ejecutivo Federal

Representantes del Sector Obrero

Representantes del Sector Patronal

El Consejo Técnico tendrá las atribuciones siguientes, por orden de la Ley ya mencionada:

1.- Decidir sobre las inversiones de las reservas y demás recursos del Instituto, con sujeción a lo previsto en la Ley y sus reglamentos, excepto los provenientes del seguro de retiro, cesantía en edad avanzada y vejez.

2.- Aprobar la estructura orgánica básica del Instituto, a efecto de proponerla al Ejecutivo Federal para su consideración en el Reglamento Interior del mismo, que al efecto emita, así como la estructura ocupacional correspondiente y sus modificaciones, los niveles salariales, las prestaciones y los estímulos de desempeño de los trabajadores de confianza a que se refiere el artículo 256 de la Ley, los que se determinarán conforme a los tabuladores que al efecto expida la Secretaría de Hacienda y Crédito Público, sin perjuicio de los derechos de los trabajadores de base, conforme a un sistema de valuación de puestos.

Los estímulos a que hace referencia este párrafo son:

1.- Convocar a Asamblea General ordinaria o extraordinaria.

2.- Discutir y aprobar el proyecto de presupuesto de ingresos y egresos del Instituto que someta a su consideración el Director General, así como autorizar adecuaciones al presupuesto aprobado.

c) H. Comisión de Vigilancia.

Su función es vigilar que las inversiones se realicen para el propósito a las que fueron destinadas, además sugerir ahorros para el retiro y con ello, responder a la demanda de servicios y a las necesidades de la población, dentro de un marco de oportunidad y transparencia.

Se conforma por la representación del

Sector Obrero

Sector Patronal

Sector Gobierno

Secretario Técnico

La Comisión de Vigilancia tendrá las atribuciones siguientes:

1.- Vigilar que las inversiones se hagan de acuerdo con las disposiciones de la Ley y sus reglamentos.

2.- Practicar la auditoría de los balances contables y al informe financiero y actuarial a que se refiere el artículo 261 de la Ley de Seguridad social, así como comprobar los avalúos de los bienes materia de operaciones del Instituto.

El artículo mencionado dice:

1.- Debe sugerir a la Asamblea General, al Consejo Técnico, y a la Comisión Nacional del Sistema de Ahorro para el Retiro, en su caso, las medidas que juzgue convenientes para mejorar el funcionamiento de los seguros que ampara la Ley.

2.- Presentar ante la Asamblea General un dictamen sobre el informe de actividades y los estados financieros presentados por el Consejo Técnico, para cuyo efecto éstos le serán dados a conocer con la debida oportunidad.

3.- Las demás que señalen las disposiciones de la Ley y sus reglamentos.

d) Dirección General.

Es el encargado de ejecutar todos los acuerdos establecidos por la Asamblea General y el Consejo Técnico, anualmente se encarga de presentar informes de actividades, programas de labores, presupuestos de ingresos y egresos, balances contables, informes financieros y actuariales.

El Director General encabeza la Conferencia Interamericana de Seguridad Social que es un organismo internacional que agrupa a las Instituciones de Seguridad Social del Continente Americano.

Artículo 268. El Director General tendrá las siguientes atribuciones:

1.- Presidir las sesiones de la Asamblea General y del Consejo Técnico.

2.- Ejecutar los acuerdos del propio Consejo.

3.- Representar legalmente al Instituto, con todas las facultades que corresponden a los mandatarios generales para pleitos y cobranzas, actos de administración y de dominio, y las especiales que requieran cláusula especial conforme al Código Civil Federal o cualquiera otra ley, así como ante todas las autoridades.

4.- Presentar anualmente al Consejo el informe de actividades, así como el programa de labores y el presupuesto de ingresos y egresos para el siguiente período.

5.- Presentar anualmente al Consejo Técnico el balance contable y el estado de ingresos y gastos.

6.- Presentar anualmente al Ejecutivo Federal y al Congreso de la Unión los informes a que se alude en la Ley, y

7.- Las demás que señalen las disposiciones de la Ley y sus reglamentos.

2.- Secretaria General.

Da seguimiento al cumplimento de acuerdos y asuntos especiales que surgen en los grupos colegiados, así como asuntos específicos que someten a consideración del Consejo Técnico, la Dirección General, los Órganos Normativos, los

Consejos Consultivos y Unidades Médicas de Alta Especialidad.

Además, contribuye al desarrollo de nuevos sistemas de información estratégicos que permiten asegurar el éxito, a los procesos de atención a los cuerpos colegiados nombrados por el Consejo Técnico.

De acuerdo al reglamento interior del Instituto Mexicano del Seguro Social, la Secretaría General tendrá las facultades siguientes:

1.- Planear, dirigir y coordinar las acciones necesarias para atender los asuntos relativos a las sesiones y acuerdos de la Asamblea General, del Consejo Técnico y de la Comisión.

2.- Atender los asuntos internacionales a su cargo y los que sobre este particular le encomiende la Dirección General.

3.- Tramitar ante el Consejo Técnico las solicitudes sobre prórroga de servicios médicos, aparatos de prótesis, expedición de incapacidades retroactivas, ayudas para gastos de matrimonio, asignaciones familiares, celebración de convenios de pago sobre cuotas obrero patronales y accesorios legales y cancelación de adeudos, en los términos y condiciones establecidos en la Ley, que rebasen la competencia de los Consejos Consultivos Delegacionales, y el otorgamiento de prestaciones médicas y económicas, en ambos casos por equidad.

4.- Las demás que le confieran la Ley, sus reglamentos, acuerdos del Consejo Técnico, así como las que le encomiende el Director General.

3.- Direcciones Normativas.

Para dar cumplimiento a las múltiples funciones del Instituto, existen grandes áreas operativas llamadas Direcciones Normativas, las cuales se encargan de regular y vigilar el adecuado otorgamiento de los servicios y prestaciones que el Instituto Mexicano de Seguridad Social debe proporcionar a los distintos grupos como son afiliados, beneficiarios, patrones, proveedores, profesionales de la salud y ciudadanía en general.

Las Direcciones normativas existentes son:

Dirección de Prestaciones Médicas

Dirección de Prestaciones Económicas y Sociales

Dirección de Incorporación y Recaudación

Dirección Jurídica

Dirección de Finanzas

Dirección de Administración

Dirección de Vinculación Institucional y Evaluación de Delegaciones

Dirección de Innovación y Desarrollo Tecnológico

4.- Órgano Interno de Control.

Es quien representa al Instituto ante la Secretaría de la Función Pública (SFP) y viceversa.

Dentro de sus funciones está, el promover el manejo eficiente de los recursos asignados al Instituto para incrementar los niveles de productividad. Brinda asesoría permanente para mejorar los controles internos, revisa y audita procesos administrativos y vigila que el desempeño de los servidores públicos se apegue a la ley.

Con la finalidad de prevenir y combatir la corrupción e impunidad, revisa quejas y denuncias contra servidores públicos, aplicando sanciones disciplinarias correspondientes contra aquellos que resulten responsables.

5.- Delegaciones y UMAES.

Las Delegaciones son unidades operativas que funcionan de manera autónoma en los estados, brindando servicios institucionales a la población local.

Existen 35 delegaciones distribuidas a lo largo y ancho de la República Mexicana, donde se realizan trámites relacionados con:

Registro de patrones y sujetos obligados.

Verificación de la vigencia de derechos, para hacer uso de prestaciones en especie y dinero.

Contratación del Seguro de Salud para la familia.

Gestión de trámites relacionados con pensiones y liquidaciones de cuotas obrero patronales.

Autorización, rechazo o modificación de pensiones.

Por su parte, las Unidades Médicas de Alta Especialidad, son hospitales de especialidades, también conocidos como UMAE´s o de 3er nivel, donde se brindan servicios médicos especializados de acuerdo a determinadas enfermedades o padecimientos. Con el fin de ofrecer un mejor servicio, el IMSS cuenta con 25 Unidades Médicas de Alta Especialidad, a nivel nacional.

Entre las especialidades que se manejan están:

Traumatología y Ortopedia

Gineco Obstetricia

Medicina Médico Física y Rehabilitación

Cardiología

Pediatría

Oncología

Psiquiatría

Traumatología y Ortopedia

9.4. Régimen obligatorio y voluntario.

Sabemos que el Estado es quien está obligado a originar todo lo adecuado para obtener un alto sentido de bienestar en la población, por ello, el fundamento de los regímenes de pensiones se encuentra en primer lugar dentro de nuestra constitución política, en donde su artículo 123, en la fracción XXIX declara que "Es de utilidad pública la Ley del Seguro Social, y ella comprenderá seguros de invalidez, de vejez, de vida, de cesación involuntaria del trabajo, de enfermedades y accidentes, de servicios de guardería y cualquier otro encaminado a la protección y bienestar de los trabajadores, campesinos, no asalariados y otros sectores sociales y sus familiares".

Es así que nace la Ley del Seguro Social que en el artículo seis indica la existencia de dos tipos de regímenes que son el obligatorio y el voluntario y dentro de su título dos inicia la exposición sobre los puntos de este tema.

El régimen obligatorio es aquel en que la mayor parte de los derechohabientes se encuentra inscrito y que les corresponde por tener una relación laboral, mientras que el voluntario nace como resultado de una necesidad de carácter colectivo para que aquellos que no se encuentren dentro del supuesto anterior puedan gozar beneficios sobre este derecho.

En los siguientes puntos se hará mención de los seguros que, conforme al artículo 11 de la Ley del Seguro Social, forman parte del régimen obligatorio y que son:

I. Riesgos de trabajo;

II. Enfermedades y maternidad;

III. Invalidez y vida;

IV. Retiro, cesantía en edad avanzada y vejez, y

V. Guarderías y prestaciones sociales.

9.4.1. Sujetos de aseguramiento.

Artículo 12. Son sujetos de aseguramiento del régimen obligatorio:

I. Las personas que de conformidad con los artículos 20 y 21 de la Ley Federal del Trabajo, presten, en forma permanente o eventual, a otras de carácter físico o moral o unidades económicas sin personalidad jurídica, un servicio remunerado, personal y subordinado, cualquiera que sea el acto que le dé origen y cualquiera que sea la personalidad jurídica o la naturaleza económica del patrón aun cuando éste, en virtud de alguna ley especial, esté exento del pago de contribuciones;

II. Los socios de sociedades cooperativas, y

III. Las personas que determine el Ejecutivo Federal a través del Decreto respectivo, bajo los términos y condiciones que señala esta Ley y los reglamentos correspondientes.

Los artículos a los que hace referencia el presente son los siguientes:

Artículo 20 (LFT). - Se entiende por relación de trabajo, cualquiera que sea el acto que le dé origen, la prestación de un trabajo personal subordinado a una persona, mediante el pago de un salario.

Contrato individual de trabajo, cualquiera que sea su forma o denominación, es aquel por virtud del cual una persona se obliga a prestar a otra un trabajo personal subordinado, mediante el pago de un salario.

La prestación de un trabajo a que se refiere el párrafo primero y el contrato celebrado producen los mismos efectos.

Artículo 21 (LFT). - Se presumen la existencia del contrato y de la relación de trabajo entre el que presta un trabajo personal y el que lo recibe.

Artículo 13. Voluntariamente podrán ser sujetos de aseguramiento al régimen obligatorio:

I. Los trabajadores en industrias familiares y los independientes, como profesionales, comerciantes en pequeño, artesanos y demás trabajadores no asalariados;

II. Los trabajadores domésticos;

III. Los ejidatarios, comuneros, colonos y pequeños propietarios;

IV. Los patrones personas físicas con trabajadores asegurados a su servicio, y

V. Los trabajadores al servicio de las administraciones públicas de la Federación, entidades federativas y municipios que estén excluidas o no comprendidas en otras leyes o decretos como sujetos de seguridad social.

Mediante convenio con el Instituto se establecerán las modalidades y fechas de incorporación al régimen obligatorio, de los sujetos de aseguramiento comprendidos en este artículo.

Dichos convenios deberán sujetarse al reglamento que al efecto expida el Ejecutivo Federal.

9.4.2. Seguro de riesgos de trabajo.

Los riesgos de trabajo son todas aquellas enfermedades o accidentes que se originen por la actividad y tanto la Ley del Seguridad Social como la Ley Federal del Trabajo dan definiciones para cada elemento, como lo es el de enfermedad, que el artículo 475 de esta última define como *"todo estado patológico derivado de la acción continuada de una causa que tenga su origen o motivo en el trabajo o en el medio en que el trabajador se vea obligado a prestar sus servicios"*, mismo texto que contiene la primera.

Sobre los accidentes, la Ley del Seguro Social en el artículo 42 menciona:

"Se considera accidente de trabajo toda lesión orgánica o perturbación funcional, inmediata o posterior; o la muerte, producida repentinamente en ejercicio, o con motivo del trabajo, cualquiera que sea el lugar y el tiempo en que dicho trabajo se preste."

También se considerará accidente de trabajo el que se produzca al trasladarse el trabajador, directamente de su domicilio al lugar del trabajo, o de éste a aquél.

De igual forma se incluye en el 474 de la Ley Federal del Trabajo, que incluye un catálogo de enfermedades y hace mención a las distintas formas de incapacidad e indemnización, que están descritas en el apartado 8.2 de este libro.

Aunque el fin de este seguro es otorgar un beneficio en dinero o en especie al trabajador que se encuentre en uno de estos supuestos, la autoridad de trabajo junto con aquellas que sean relativas y las empresas, deben llevar a cabo acciones preventivas para aminorar los riesgos que en todo momento y en cualquier centro de trabajo pueden tenerse o, como la misma ley previene,

9.4.2. Seguro de enfermedades y maternidad.

He dado en el punto anterior la definición de enfermedad y a continuación establecemos los elementos propios del seguro al que pertenece.

En primer lugar, quienes reciben la protección del seguro de enfermedades y maternidad, se enumeran en el artículo 84 y son:

1.- Asegurado

2.- Pensionado por Incapacidad, Invalidez, Cesantía de edad avanzada e invalidez y Viudez, orfandad o ascendencia.

3.- Esposa o la mujer con quien el asegurado haya procreado hijos, mientras no hayan tenido matrimonio.

4.- Hijos menores de 16 años de asegurado o pensionado

5.- Hijos de asegurado que no pueden obtener trabajo por enfermedad o discapacidad.

6.- Hijos de mayores de 16 de pensionados por invalidez, cesantía en edad avanzada y vejez.

7.- Padre y madre del asegurado o pensionado cuando dependan de él económicamente.

Para ellos, será el Instituto Mexicano del Seguro Social quien cubrirá la prestación de servicios, de acuerdo al artículo 89 de la ley, en forma directa con su personal e instalaciones o indirectamente *"en virtud de convenios con otros organismos públicos o particulares, para que se encarguen de impartir los servicios del ramo de enfermedades y maternidad y proporcionar las prestaciones en especie y subsidios del ramo de riesgos de trabajo, siempre bajo la vigilancia y responsabilidad del Instituto. Los convenios fijarán el plazo de su vigencia, la amplitud del servicio subrogado, los pagos que* deban hacerse, la forma de cubrirlos y las causas y procedimientos de terminación, así como las demás condiciones pertinentes".

Además, podrá celebrar convenios con quien establezca servicios médicos y hospitalarios en beneficio del patrón respecto a las cuotas respectivas o con Instituciones o Servicios de salud en los distintos niveles de gobierno.

Las prestaciones con que se cuentan en este seguro pueden ser en especie o en dinero. En las primeras se integra la Asistencia médico-quirúrgica, farmacéutica y hospitalaria que sean necesarias y en dinero, se indica un derecho al asegurado a un subsidio de esta naturaleza cuando por la enfermedad esté incapacitado para realizar su trabajo que iniciará a partir del cuarto día de incapacidad y hasta por 52, que podrá prorrogarse hasta por 26 más.

La cantidad a recibir será igual al sesenta por ciento de su salario de cotización.

En el segundo caso, de maternidad, se dice que estas son las prestaciones que se otorgan por motivo de embarazo, alumbramiento o puerperio, y están beneficiados por esto las trabajadoras y quienes se señalan a continuación:

Artículo 84 (LSS)

III. La esposa del asegurado o, a falta de ésta, la mujer con quien ha hecho vida marital durante los cinco años anteriores a la enfermedad, o con la que haya procreado hijos, siempre que ambos permanezcan libres de matrimonio. Si el asegurado tiene varias concubinas ninguna de ellas tendrá derecho a la protección.

Del mismo derecho gozará el esposo de la asegurada o, a falta de éste el concubinario, siempre que hubiera dependido económicamente de la asegurada, y reúnan, en su caso, los requisitos del párrafo anterior;

IV. La esposa del pensionado en los términos de los incisos a), b) y c) de la fracción II, a falta de esposa, la concubina si se reúnen los requisitos de la fracción III.

Del mismo derecho gozará el esposo de la pensionada o a falta de éste el concubinario, si reúne los requisitos de la fracción III;

Las prestaciones serán las consignadas en el artículo 94 de la Ley del Seguro Social:

1.- Asistencia obstétrica.

2.- Ayuda en especie para lactancia por seis meses.

3.- Dos reposos extra por día de media hora cada uno o un descanso extraordinario de una hora por día.

4.- Una canastilla.

La asegurada deberá recibir durante 42 días posteriores al parto y la misma cantidad anterior al mismo, el cien por ciento de su salario cotizado como prestación en dinero.

9.4.3. Seguro de invalidez y vida.

Los seguros que se comprenden en este punto tienen como objetivo el proteger al asegurado y su familia después de un evento que produzca la invalidez o muerte.

Para el caso primero, se puede otorgar una de las dos prestaciones siguientes:

1.- Pensión temporal

2.- Pensión definitiva

Cualquiera que sea, el asegurado contratará con una institución de su elección, pero en el caso que sea, la declaración de invalidez debe ser efectuada por el IMSS.

Se considerará para la pensión temporal cuando el asegurado pueda recuperarse y definitiva si su invalidez es permanente.

De acuerdo al artículo 123 de la Ley del Seguro Social, *no se tiene derecho a disfrutar de pensión de invalidez, cuando el asegurado:*

I. Por sí o de acuerdo con otra persona se haya provocado intencionalmente la invalidez;

II. Resulte responsable del delito intencional que originó la invalidez, y

III. Padezca un estado de invalidez anterior a su afiliación al régimen obligatorio.

Respecto al seguro de vida, es decir, a la muerte del asegurado o pensionado por invalidez, los beneficiarios pueden obtener las siguientes prestaciones:

1.- Pensión de viudez,

2.- Pensión de orfandad,

3.- Pensión a ascendientes,

4.- Ayuda asistencial a la pensionada por viudez,

5.- Asistencia médica.

Para lo anterior, se requiere lo siguiente:

I. Que el asegurado al fallecer hubiese tenido reconocido el pago al Instituto de un mínimo de ciento cincuenta cotizaciones semanales, o bien que se encontrara disfrutando de una pensión de invalidez, y

II. Que la muerte del asegurado o pensionado por invalidez no se deba a un riesgo de trabajo

Pero no así, en estos casos:

I. Cuando la muerte del asegurado acaeciera antes de cumplir seis meses de matrimonio;

II. Cuando hubiese contraído matrimonio con el asegurado después de haber cumplido éste los cincuenta y cinco años de edad, a menos que a la fecha de la muerte haya transcurrido un año desde la celebración del enlace, y

III. Cuando al contraer matrimonio el asegurado recibía una pensión de invalidez, vejez o cesantía en edad avanzada, a menos de que a la fecha de la muerte haya transcurrido un año desde la celebración del matrimonio.

La ayuda asistencial a la que el pensionado por invalidez o los viudos pensionados tienen derecho, requiere que exista un estado en que se necesite que una persona le asista en forma permanente o continua, considerándose un aumento de hasta veinte por ciento de la pensión que se disfrute.

9.4.4. Seguro del retiro, cesantía en edad avanzada y vejez.

1.- Cesantía en edad avanzada.

Es reconocida al momento en que un asegurado queda sin trabajo remunerado, al cumplir sesenta años de edad, y requiere tener ante el Instituto al menos mil doscientas cincuenta cotizaciones semanales para hacerlo válido o, en caso contrario, sólo retirar el saldo de la cuenta individual en una sola exhibición, aunque puede seguir cotizando.

El asegurado implica las siguientes prestaciones, de acuerdo al artículo 155 de la Ley del Seguro Social:

I. Pensión;

II. Asistencia médica, en los términos del capítulo IV de este Título;

III. Asignaciones familiares, y

IV. Ayuda asistencial.

Su goce correrá desde cuando se cumplan los requisitos mencionados en el primer párrafo de este punto, con algunas de estas opciones:

I. Contratar con la institución de seguros de su elección una renta vitalicia, que se actualizará anualmente en el mes de febrero conforme al Índice Nacional de Precios al Consumidor, y

II. Mantener el saldo de su cuenta individual en una Administradora de Fondos para el Retiro y efectuar con cargo a éste, retiros programados.

2.- Vejez.

En este seguro, el asegurado puede contar con las prestaciones establecidas en el artículo 161 de la Ley del Seguro Social.

I. Pensión;

II. Asistencia médica, en los términos del capítulo IV de este Título;

III. Asignaciones familiares, y

IV. Ayuda asistencial.

Se requiere que se tengan las mismas semanas cotizadas que en el caso de Cesantía, pero cambia la edad, que en este caso son sesenta y cinco años cumplidos.

En caso de no contar con las semanas de cotización, se estará dispuesto a lo ocurrido en el seguro anteriormente descrito.

9.4.5. Seguro de guarderías y prestaciones sociales.

En el entendimiento de que las madres trabajadoras no pueden acercarse al cuidado de sus hijos en el transcurso de sus labores, la Ley del Seguro Social establece su seguro de guarderías bajo el que se entrega cuidado y protección a los menores, que integrará servicios de aseo, alimentación, salud, educación y recreación, mientras se encuentren entre los cuarenta y tres días y hasta cuatro años de edad.

Por otro lado, las prestaciones sociales son aquellas que se dan como Institucionales o de Solidaridad Social para fomentar la salud, prevenir enfermedades o accidentes y contribuir a elevar los niveles de vida.

El artículo 210 de la ley en comento establece los distintos tipos de programas por los que se materializarán.

Las prestaciones sociales institucionales serán proporcionadas mediante programas de:

I. Promoción de la salud, difundiendo los conocimientos necesarios a través de cursos directos, conferencias y campañas de bienestar, cultura y deporte, y del uso de medios masivos de comunicación;

II. Educación higiénica, materno infantil, sanitaria y de primeros auxilios; prevención de enfermedades y accidentes;

III. Mejoramiento de la calidad de vida a través de estrategias que aseguren costumbres y estilos de vida saludables, que propicien la equidad de género, desarrollen la creatividad y las potencialidades individuales, y fortalezcan la cohesión familiar y social;

IV. Impulso y desarrollo de actividades culturales y deportivas, recreativas y de cultura física y en general, de todas aquéllas tendientes a lograr una mejor ocupación del tiempo libre;

V. Promoción de la regularización del estado civil;

VI. Cursos de adiestramiento técnico y de capacitación para el trabajo, a fin de propiciar la participación de la población en el mercado laboral, de lograr la superación del nivel de ingresos a los capacitados y contribuir a la satisfacción de las necesidades de la planta productiva. Dichos cursos podrán ser susceptibles de validación oficial;

VII. Centros vacacionales;

VIII. Superación de la vida en el hogar, a través de un adecuado aprovechamiento de los recursos económicos, de mejores prácticas de convivencia y,

IX. Establecimiento y administración de velatorios, así como otros servicios similares.

9.4.6. Seguro de salud para la familia.

El Seguro de Salud para la familia nace por la necesidad de integrar a todos los grupos de mexicanos y mexicanas al sistema y que, de esa manera, se conserven en un estado de bienestar físico, emocional y mental, en beneficio de la familia, sociedad y, eventualmente, del Estado.

La naturaleza del seguro es, principalmente, que se trata del régimen voluntario por ingresar a él por sí mismo el sujeto.

A través de un convenio con el IMSS, los sujetos aparados por este seguro son el asegurado y el núcleo familiar, cubriendo una cuota anual por cada miembro que se incorpore al seguro y cuya cantidad varía de acuerdo a la edad del mismo.

Al momento de convenirse el seguro, los asegurados gozan de lo siguiente:

1.- Asistencia médico, quirúrgica, farmacéutica, hospitalaria y maternidad.

2.- Para maternidad, se otorga atención durante el embarazo, el alumbramiento y el puerperio.

3.- Existen enfermedades preexistentes que impiden su incorporación, padecimientos con ciertos periodos de espera, así como algunas exclusiones (cirugía estética, lentes, aparatos auditivos, tratamiento de padecimientos crónicos que requieran control terapéutico permanente).

9.5. Los Fondo de Ahorro para el Retiro

Creadas en 1997, las Administradoras de Fondos para el Retiro (AFORES), son entes privados que tienen la función de administrar fondos de retiros de los trabajadores que se encuentran afiliados al Instituto Mexicano del Seguro Social y del Instituto de Seguridad y Servicios Sociales de los Trabajadores al Servicio del Estado, regulados por la Comisión Nacional del Sistema de Ahorro para el Retiro o CONSAR.

Los Sistemas de Pensiones tienen como objetivo que los trabajadores cuenten al momento de su retiro con los recursos necesarios que les permitan alcanzar cierto nivel de consumo. Las pensiones que administran las Afores comprenden un Sistema de Retiro que puede darse por invalidez, vejez o cesantía en edad avanzada y protegen a los dependientes económicos del trabajador en caso de muerte de éste, de acuerdo a la información otorgada por la Cámara de Diputaos.

Además de las Afores, existe otra figura participativa y son las Sociedades de Inversión Especializadas en Fondos para el Retiro (SIEFORES). Estas tienen como objetivo invertir recursos de los trabajadores en instrumentos que buscan preservar el poder adquisitivo de los mismos.

Ahora bien, ¿cómo funcionan las afores, en realidad?

En primer lugar, debemos entender que, al iniciar una relación laboral, el patrón tiene la obligación de inscribir al trabajador en el seguro social para solicitar su número y además en una Afore, la que podrá libremente el empleado elegir el cambio a futuro.

Cada trabajador, tendrá una cuenta individual en su afore, que se integrará por los recursos que aporta el trabajador, el patrón y el estado y esta cuenta se subdivide en:

1.- Retiro, cesantía en edad avanzada y vejez.

2.- Aportaciones voluntarias.

3.- Aportaciones complementarias de retiro.

4.- Vivienda.

Lo anterior está dispuesto en el artículo 74 de la Ley de los Sistemas de Ahorro para el Retiro.

Por otra parte, los trabajadores del Instituto de Seguridad y Servicios Sociales de los Trabajadores del Estado, en su cuenta individual contarán con las siguientes subcuentas, en base al artículo 74 bis:

I. Subcuenta de ahorro para el retiro

II. Subcuenta del fondo de la vivienda

III. Subcuenta de aportaciones voluntarias.

En beneficio del trabajador, para incrementar las cantidades que se aportan a sus cuentas individuales, existen las Sociedades de Inversión Especializadas de Fondos para el Retiro.

Para operar, deben reunir los siguientes requisitos, indicados en el artículo 40 de la Ley de los Sistemas de Ahorro para el Retiro:

I. Presentar la solicitud respectiva, así como el proyecto de estatutos sociales;

II. Presentar un programa general de operación y funcionamiento de la sociedad, que cumpla con los requisitos que establezca la Comisión; y

III. Las escrituras constitutivas de las sociedades de que se trata, así como sus reformas, deberán ser aprobadas por la Comisión. Una vez aprobadas la escritura o sus reformas deberán inscribirse en el Registro Público de Comercio. En todo caso, deberán proporcionar a la Comisión copia certificada de las actas de asamblea y, cuando proceda, testimonio notarial en el que conste la protocolización de las mismas.

Y, adicionalmente, los que se indican en el 41 de la misma ley.

Por último, las AFORES y las SIEFORES se encuentran bajo la vigilancia permanente de la Comisión Nacional del Sistema de Ahorro para el Retiro, la cual tiene definidas sus funciones en la Ley que hemos mencionado, dentro del artículo número 5, entre ellas:

1. Regular, mediante la expedición de disposiciones de carácter general, lo relativo a la operación de los sistemas de ahorro para el retiro, la recepción, depósito, transmisión y administración de las cuotas y aportaciones correspondientes a dichos sistemas, así como la transmisión, manejo e intercambio de información entre las dependencias y entidades de la Administración Pública Federal, los institutos de seguridad social y los participantes en los referidos sistemas, determinando los procedimientos para su buen funcionamiento;

2. Emitir reglas de carácter general para la operación y pago de los retiros programados;

3. Establecer las bases de colaboración entre las dependencias y entidades públicas participantes en la operación de los sistemas de ahorro para el retiro.

Para el desarrollo de sus funciones, los órganos de Gobierno serán: La junta, la Presidencia y el Comité Consultivo y de Vigilancia. La primera integrada por el Secretario de Hacienda y Crédito Público, el Presidente de la Comisión, con dos vicepresidentes de la misma y trece vocales, que provienen de distintas dependencias; el tercero (Comité), será tripartito integrado por el sector obrero, el patronal y del Gobierno, con diecinueve.

Actividad 9.
1.- Haga mención del concepto de seguridad social y los diferentes seguros que existen en nuestro derecho.
2.- Elabore un texto en donde exponga las ventajas que tiene el Estado al otorgar a los trabajadores los beneficios descritos en este tema.

10.- Los conflictos laborales.

Objetivo: Categorizar y comparar las controversias que surgen dentro de las relaciones laborales, así como las soluciones convenientes para mejorar el entorno de estas.

10.1. Concepto.

Nuestro derecho laboral, al igual que todas las demás ramas que componen al orden jurídico nacional, integra en sus normas supuestos que pueden actualizarse en la relación laboral y, en forma lógica, las formas en que habrán de solucionarse los mismos.

En el sentido general, un conflicto es la división de opiniones y problemas relativos a la interacción de las personas; en derecho se utiliza como sinónimo de controversia, litigio, fricción, entre otros términos y, en concreto, para la materia laboral, se define como las diferencias nacidas en el seno de la relación laboral entre patrones y trabajadores cuya solución debe asegurarse para beneficio del proceso productivo.

No es necesario aclarar que el ideal de la relación de trabajo es que se anulen todas las situaciones que pudieran dar inicio a un conflicto, pues existen, por desgracia, espacios de trabajo y patrones que no llevan a la práctica lo establecido en las normas protectoras del trabajo o, incluso, trabajadores que se encargan de violentarlas.

Por lo anterior, desde nuestra constitución en su artículo 123, fracción XII, se toca el tema relativo, estableciendo que:

Los conflictos individuales, colectivos o intersindicales serán sometidos a un Tribunal Federal de Conciliación y Arbitraje, integrado según lo prevenido en la ley reglamentaria; y en la fracción XX: las diferencias o los conflictos entre el capital y el trabajo se sujetarán a la decisión de una junta de conciliación y arbitraje, formada por igual número de representantes de los obreros y de los patronos, y uno del gobierno.

10.2. Clasificación.

Distintos juristas hacen una clasificación en torno al punto que estudiamos y que conviene tomar como base para después ser desarrollados. Es entonces el criterio de clasificación, el siguiente:

A) En razón de los **individuos involucrados**.

B) En función de la **naturaleza del conflicto**.

C) En base a los **intereses que afecta**.

En el primer caso, de los individuos involucrados, se refiere a los sujetos que forman parte de la relación laboral y que son, como lo he mencionado en otro apartado:

1.- Trabajadores y patrones,

2.- Trabajadores, y

3.- Patrones.

Sin duda, uno de los tipos de conflicto más frecuentes es el que surge entre trabajadores y patrones, por sostener intereses opuestos, pero no es el único que se puede nombrar.

En segundo lugar, menciono los conflictos que pueden surgir entre los trabajadores que, de acuerdo a José Dávalos Morales, puede dividirse de la siguiente manera:

a) **Entre trabajadores** de una misma empresa: Relativos al derecho de antigüedad, preferencia o ascenso.

b) **Entre sindicatos**: Con el fin de asegurar la titularidad de los derechos sindicales.

c) **Entre trabajadores y sindicatos**: Al considerarse mal aplicado lo establecido en los estatutos sindicales.

La segunda clasificación, en razón de su naturaleza, se subdivide en dos:

1.- **Económicos**: Nacen a partir de diferencias relativas a las condiciones del trabajo o suspensión y terminación del mismo.

2.- **Jurídicos**: Los que resultan de una mala aplicación de las normas de trabajo.

Por último, sobre los intereses que afecta, se concreta a dos:

1.- **Individuales**: La aplicación de la norma causa agravio a un sujeto.

2.- **Colectivos**: La violación del derecho trae consecuencias negativas a la organización sindical.

10.3. Mecanismos de solución.

Una vez comentados los distintos tipos de conflicto que pueden surgir en las relaciones de trabajo, sea individual o colectiva, nos coloca en un estado de consciencia sobre las repercusiones negativas del hecho. Por ello, la legislación introduce las formas en que deberá de solucionarse cualquier controversia con el apoyo de las Juntas de Conciliación y Arbitraje, aún y cuando una de las partes involucradas no se encuentre satisfecho con lo establecido como terminación del conflicto.

En este apartado hago mención de tres métodos.

1.- Conciliación.

Dentro de esta forma sobresale la figura del conciliador, quien se limitará a acercar a las partes para que estas busquen una solución eficaz a la problemática que aqueja la relación laboral de la que son parte. Se interesa, entonces, por lograr un acuerdo voluntario y formal.

2.- Arbitraje.

La figura jurídica del arbitraje tiene implícita la participación de un tercero al que las partes se presentan de manera libre y con la intención de que dicte una resolución que beneficie la relación laboral y ponga fin al conflicto.

3.- Transacción.

Las partes, en común acuerdo y de manera voluntaria, suscriben un convenio para eliminar las causas del conflicto, sin que tenga que intervenir un tercero. La Suprema Corte de Justicia de la Nación ha colocado fuera de lo correspondiente a la cosa juzgada este mecanismo por no ser obtenida a través de un proceso jurisdiccional, pero es una herramienta que debe de considerarse por su efectividad.

Actividad 10.
1.- Diga qué son los conflictos laborales, cuáles son sus causas y, desde tu experiencia, ¿cómo podrían disminuirse en las relaciones de trabajo?

11.- El Derecho Laboral en el ámbito Internacional.

Objetivo: Situar la materia a nivel mundial y examinar sus puntos de encuentro y repercusiones a nuestro derecho nacional.

11.1. Normas internacionales del trabajo.

El Sistema de Normas Internacionales del Trabajo tiene como fin el lograr que todos los hombres y mujeres del mundo tengan acceso al trabajo decente dentro de sus respectivos territorios, pero también atiende al extranjerismo.

Bajo principios de Igualdad, Libertad, Seguridad y Dignidad, las normas tocan temas como los siguientes:

1.- Libertad sindical, 2.- Negociación colectiva, 3.- Trabajo forzoso, 4.- Trabajo infantil, 5.- Igualdad de oportunidades y de trato, 6.- Consulta tripartita, 7.- Administración del trabajo, 8.- Inspección del trabajo, 9.- Política del empleo, 10.- Promoción del empleo, 11.- Orientación y formación profesional, 12.- Seguridad en el empleo, Salarios, 13.- Tiempo de trabajo, 14.- Seguridad y salud en el trabajo, 15.- Seguridad social, 16.- Protección de la maternidad, 17.- Política social, 18.- Trabajadores migrantes, 19.- VIH/SIDA, 20.- Gente de mar, 21.- Pescadores, 22.- Trabajadores portuarios, 23.- Pueblos indígenas y tribales, 24.- Otras categorías particulares.

Para asegurar la promoción y el cumplimiento de las normas, existe un Sistema de Control a nivel internacional que veremos en los siguientes puntos.

11.2. La Organización Internacional del Trabajo.

A nivel mundial existe un importante número de organizaciones especializadas en temas a las que les corresponde la revisión, análisis y propuestas de elementos normativos distintos en beneficio del avance nacional individual, en conjunto y paralelo de los Estados. Una de estas es la Organización Internacional del Trabajo, de gran antigüedad y resultados muy por encima de lo común.

La OIT nace en el año de 1919, a decir de su Constitución, resultado de tres elementos que son el económico, en busca de mejorar las condiciones de trabajadores en distintos países; el humanitario, por ser los trabajadores victimas de condiciones intolerables en sus actividades; y el político, en atención a las necesidades de los empleados que, si no son escuchados, se corre riesgo de sufrir un movimiento que trastoque la vida nacional.

Es importante mencionar que la OIT tiene base inicial en al tratado de Versalles, donde forma parte en su apartado XIII y en 1919 lleva a cabo su primera conferencia, resultando de esta el histórico convenio para establecer una jornada laboral diaria de 8 horas y de 48 semanal.

Otro paso importante se da en 1948 cuando en la Declaración de Filadelfia se reafirman los objetivos fundamentales de la organización y de esa fecha hacia nuestros días, uno de los convenios de mayor significación, de muchos, ha sido el de las normas mínimas para la seguridad social.

La OIT se reunirá cada año en el mes de junio en Ginebra, Suiza y participan en dicha reunión representantes gubernamentales, de trabajadores y patrones, además de los ministros en materia laboral de cada país, todos ellos con capacidad para opinar y votar en lo individual.

La forma tripartita para tomas decisiones ha sido un elemento propio de esta organización y todos los países miembros la han adoptado en sus regímenes internos, por ello, el trabajo de la OIT entre las sesiones anuales se administra por 28 representantes de Gobierno, 14 de trabajadores y 14 de patrones. De los primeros, diez puestos son permanentes y les corresponden a los países de mayor importancia industrial como lo son Alemania, Brasil, China, Estados Unidos, Francia, India, Italia, Japón, Reino Unido y Federación de Rusia, y los restantes se eligen cada tres años por los anteriores de acuerdo a una oportuna distribución geográfica.

Por último, la OIT, a decir de su Constitución, tiene los siguientes objetivos:

• Promover y materializar las normas laborales, así como los principios y derechos fundamentales en el trabajo;

• Crear mayores oportunidades para las mujeres y los hombres que aseguren un empleo digno;

• Aumentar la cobertura y la eficacia de la protección social para todos;

• Fortalecer el tripartismo y el diálogo social.

Además, en la Declaración de Filadelfia, se definen los objetivos una vez más para ser:

• El trabajo no es una mercancía.

• La libertad de expresión y de asociación es esencial para el progreso constante.

• La pobreza, en cualquier lugar, constituye un peligro para la prosperidad de todos.

• Todos los seres humanos sin distinción de raza, credo o sexo, tienen derecho a perseguir su bienestar material y su desarrollo espiritual en condiciones de libertad, dignidad, seguridad económica e igualdad de oportunidades.

11.2.1. Sistema de control de la OIT.

Para vigilar el cumplimiento y avance en los compromisos adquiridos por los Estados al momento de ratificar un convenio, la OIT cuenta con un sistema de control que se compone de dos elementos:

1.- Control Periódico

2.- Control Especial

La primera es basada en las memorias (documentos hechos por el Estado miembro y enviados a la OIT), sobre la práctica a aplicación de la ley y respecto a las observaciones que emiten las organizaciones de trabajadores y empleadores.

Para cumplir con ello, cuenta con dos órganos:

1) Comisión de Expertos en Aplicación de Convenios y Recomendaciones: Creada en el año de 1926 con el fin de atender el número de memorias que iba en considerable aumento y se compone en la actualidad por 20 profesionales juristas, reconocidos por destacar en el área y que son nombrados por la comisión de expertos para evaluar, de manera imparcial, el estado de aplicación de las normas internacionales de la materia.

Estos expertos llevan a cabo dos tipos de comentarios:

1.- Observaciones: Son comentarios sobre los asuntos que se planteados por la aplicación de convenios en un Estado y se publican de manera anual en un informe que entregan a la comisión.

2.- Solicitudes directas: Se entregan directamente a los Estados y se refieren a asuntos técnicos o de interés de mayor información.

2) Comisión tripartita de Aplicación de Convenios y Recomendaciones de la Conferencia Internacional del Trabajo: Una vez que es entregado el informe anual por la Comisión de Expertos, en el mes de junio del año siguiente se examina por la Comisión de Aplicación de Normas de la

Conferencia, cuya naturaleza tripartita radica en la pertenencia a la misma de representantes de Gobierno, Empleadores y Trabajadores.

De estos documentos, la Comisión en comento selecciona algunos temas para debatir e invita a los países mencionados a responder sobre los asuntos a tratar, así como informar sobre la situación que se guarde sobre los mismos.

El Control Especial, segundo nombrado en este apartado, tienen nacimiento por una reclamación o queja por tres procedimientos:

1) Procedimiento de reclamación con respecto a la aplicación de convenios ratificados.

Garantiza a las organizaciones profesionales de empleadores y de trabajadores el derecho de presentar al Consejo de Administración de la OIT una reclamación contra cualquier Estado Miembro que, en su opinión, "no ha adoptado medidas para el cumplimiento satisfactorio, dentro de su jurisdicción, de un convenio en el que dicho Miembro sea parte".

2) Procedimiento de queja con respecto a la aplicación de convenios ratificados.

Puede presentarse una queja contra un Estado Miembro por incumplimiento de un Convenio ratificado por otro Estado Miembro que hubiese ratificado el mismo Convenio, por un delegado a la Conferencia Internacional de Trabajo o por el Consejo de Administración en el marco de sus competencias.

3) Procedimiento especial de queja por violación de la libertad sindical: Comité de Libertad Sindical.

En 1951, la OIT creó el Comité de Libertad Sindical (CLS) con el objetivo de examinar las quejas sobre las violaciones de la libertad sindical, hubiese o no ratificado el país concernido los convenios pertinentes. Las organizaciones de empleadores y de trabajadores pueden presentar quejas contra los Estados Miembros. El CLS es un Comité del Consejo de Administración y está compuesto por un presidente independiente y por tres representantes de los gobiernos, tres de los empleadores y tres de los trabajadores. Si el Comité acepta el caso, se pone en contacto con el gobierno concernido para establecer los hechos. Y si decide que se ha producido una violación de las normas o de los principios de libertad sindical, emite un informe a través del Consejo de Administración y formula recomendaciones sobre cómo podría ponerse remedio a la situación. Posteriormente, se solicita a los gobiernos que informen sobre la aplicación de sus recomendaciones.

11.2.2. Declaración de la OIT relativa a los principios y derechos fundamentales en el trabajo.

El 18 de junio del año 1998, la OIT adopta la declaración relativa a los principios y derechos fundamentales en el trabajo. En esta, se resalta la necesidad de atender cuatro ejes importantes en la vida laboral:

1.- La libertad de asociación y la libertad sindical y el reconocimiento efectivo del derecho de negociación colectiva,

2.- La eliminación del trabajo forzoso u obligatorio,

3.- La abolición del trabajo infantil,

4.- La eliminación de la discriminación en materia de empleo y ocupación.

Dentro del texto de esta declaración, la OIT recuerda que al momento de incorporarse de manera libre, los miembros aceptan los principios y derechos que se enuncian en la Constitución y en la Declaración de Filadelfia, esforzándose en el logro de sus objetivos y, aún y cuando no se hayan ratificado los convenios, toman el compromiso para respetar, promover y hacer realidad los principios en comento, con apoyo de la organización, conforme al artículo 12 de la Constitución respectiva, con asistencia técnica y asesoramiento.

Actividad 11.
1.- Exponga cuál es la importancia de adecuar las normas nacionales del trabajo a los convenios internacionales y la inclusión de nuestro país en organizaciones internacionales.

12.- Las autoridades de trabajo.

Objetivo: Presentar al participante los distintos procesos de solución de conflictos y las autoridades adecuadas para tal efecto en la materia.

12.1. Procesos ante la Junta de Conciliación y Arbitraje.

Como todos los procesos judiciales que integran nuestro derecho vigente, el procesal del trabajo debe presumir principios como lo son la publicidad, gratuidad, inmediatez, oralidad y conciliatorio, además de que serán a instancia de parte y para ello las juntas, como autoridades, deben llevar a cabo lo necesario para conseguirlos.

Para determinar las partes se considerará que quien lo pretenda ser tenga un interés jurídico, ya sean personas físicas o morales ejerciendo acciones u oponiendo excepciones.

Antes de revisar los diferentes procesos contenidos en la ley, es necesario diferenciar sobre los temas que recogerán cada una de las dos distintas juntas, locales y federales, que se mencionan en el artículo 698 de la Ley Federal del Trabajo y nos remiten al artículo 123 de la Constitución.

Mientras las Juntas Locales de Conciliación y Arbitraje de las entidades conocen conflictos generados dentro de sus territorios de acción y no sean de competencia de las federales, estas atenderán lo dispuesto en la fracción XXXI del apartado A del artículo 123 constitucional, que son:

a) Ramas industriales y servicios.

1. Textil;

2. Eléctrica;

3. Cinematográfica;

4. Hulera;

5. Azucarera;

6. Minera;

7. Metalúrgica y siderúrgica, abarcando la explotación de los minerales básicos, el beneficio y la fundición de los mismos, así como la obtención de hierro metálico y acero a todas sus formas y ligas y los productos laminados de los mismos;

8. De hidrocarburos;

9. Petroquímica;

10. Cementera;

11. Calera;

12. Automotriz, incluyendo autopartes mecánicas o eléctricas;

13. Química, incluyendo la química farmacéutica y medicamentos;

14. De celulosa y papel;

15. De aceites y grasas vegetales;

16. Productora de alimentos, abarcando exclusivamente la fabricación de los que sean empacados, enlatados o envasados o que se destinen a ello;

17. Elaboradora de bebidas que sean envasadas o enlatadas o que se destinen a ello;

18. Ferrocarrilera;

19. Maderera básica, que comprende la producción de aserradero y la fabricación de triplay o aglutinados de madera;

20. Vidriera, exclusivamente por lo que toca a la fabricación de vidrio plano, liso o labrado, o de envases de vidrio; y

21. Tabacalera, que comprende el beneficio o fabricación de productos de tabaco;

22. Servicios de banca y crédito.

b) Empresas:

1. Aquéllas que sean administradas en forma directa o descentralizada por el Gobierno Federal;

2. Aquéllas que actúen en virtud de un contrato o concesión federal y las industrias que les sean conexas; y

3. Aquéllas que ejecuten trabajos en zonas federales o que se encuentren bajo jurisdicción federal, en las aguas territoriales o en las comprendidas en la zona económica exclusiva de la Nación.

También será competencia exclusiva de las autoridades federales, la aplicación de las disposiciones de trabajo en los asuntos relativos a conflictos que afecten a dos o más Entidades Federativas; contratos colectivos que hayan sido declarados obligatorios en más de una Entidad Federativa; obligaciones patronales en materia educativa, en los términos de Ley; y respecto a las obligaciones de los patrones en materia de capacitación y adiestramiento de sus trabajadores, así como de seguridad e higiene en los centros de trabajo, para lo cual, las autoridades federales contarán con el auxilio de las estatales, cuando se trate de ramas o actividades de jurisdicción local, en los términos de la ley reglamentaria correspondiente.

a) Procedimiento ordinario.

Para aquellos procesos que la Ley no considere especiales, se atenderá a lo dispuesto en el ordinario, que se compone de las siguientes fases:

I.- Instrucción.

Subdividida en:

1.- Presentación de la demanda, auto de recepción a trámite, notificaciones, emplazamiento y traslado (artículos 870 a 873, así como 742 fracción 1 y 743 de la Ley Federal del Trabajo);

2.- Celebración de la audiencia de conciliación, demanda, excepciones, ofrecimiento y admisión de pruebas, cuyo desarrollo es de acuerdo a los artículos 874, 876, 878 y 879 de la Ley Federal del Trabajo;

3.- Desahogo de pruebas, que se efectúa considerando las pruebas ofrecidas por las partes (artículos 880 a 885 de la Ley Federal del Trabajo);

4.- Cierre de instrucción, que se da previa certificación de que no existen pruebas pendientes por desahogarse (artículo 885 de la Ley Federal del Trabajo);

II.- Fase resolutiva.

También subdividida:

1.- Formulación del proyecto de laudo – dictamen (artículos 885 a 891 de la Ley Federal del Trabajo).

2.- Discusión y votación del proyecto de laudo (artículos 887 y 888 de la Ley Federal del Trabajo).

3.- Aprobación y firma del laudo (artículos 889 y 890 de la Ley Federal del Trabajo).

b) Procedimiento especial.

Este procedimiento se deriva de la necesidad para resolver los siguientes temas:

1.- Conflictos relativos a la jornada laboral;

2.- Habitaciones de los trabajadores;

3.- Aprobación del contrato individual de trabajo en la prestación de servicios de trabajadores mexicanos fuera de la República contratados en el territorio nacional,

4.- Capacitación y adiestramiento;

5.- Antigüedad, prima de antigüedad;

6.- En el caso de los trabajadores de los buques, el traslado a un lugar convenido, así como pago de salario o indemnización en caso de pérdida del buque por apresamiento o siniestro;

7.- En el caso de tripulaciones aeronáuticas el pago por gastos de traslado cuando sean cambiados de su base de residencia y su repatriación o traslado al lugar de contratación en caso de que la aeronave se destruya o inutilice;

8.- Titularidad del contrato colectivo de trabajo;

9.- Administración del contrato – ley;

10.- Suspensión temporal o terminación colectiva de las relaciones de trabajo con motivo de fuerza mayor, caso fortuito, falta de materia prima, no imputables al patrón;

11.- Concurso o quiebra legalmente declarados;

12.- Reducción de personal a causa de implantación de maquinaria o de procedimiento de trabajo nuevos;

13.- Declaración de beneficiarios e indemnización en caso de muerte del trabajador;

14.- Oposición de los trabajadores en la designación de los médicos de las empresas, y

15.- Los conflictos que tengan por objeto el cobro de prestaciones que no excedan del importe de tres meses de salarios.

Tiene una sola fase:

1.- Presentación de la demanda, auto de recepción a trámite y ordenar las notificaciones de ley, y correr traslado y emplazamiento al demandado o demandados (artículos 893, 894 y 896, así como 742, fracción I y 743 de la Ley Federal del Trabajo).

2.- Celebración de la audiencia de conciliación, demanda, excepciones, pruebas, alegatos y resolución. Cada una de estas etapas se desarrolla en relación a los artículos 895, en relación con los numerales 894, 896 y 899 de la Ley Federal del Trabajo.

c) Procedimiento extraordinario de huelga.

Sin duda, el presente es uno de los temas de mayor interés en los grupos de trabajadores por ser la vía para lograr el respeto a sus derechos y peticiones. Nuestra Ley Federal del Trabajo lo contempla en los artículos 440 a 471 de la Ley Federal del Trabajo, que contienen todo lo referente al hecho.

Etapas del procedimiento:

1.- Presentación del pliego petitorio con emplazamiento a huelga, acuerdo de recepción a trámite, notificaciones, traslado de ley y respuesta al pliego petitorio.

2.- Audiencia de conciliación.

3.- Estallido de la huelga, y en su caso, solicitud de que se declare la huelga como inexistente, para lo cual, deberá citarse a una audiencia que será también de ofrecimiento y admisión de pruebas. En caso de haber ofrecido como prueba, el recuento de los trabajadores, deberá señalarse día y hora para su desahogo.

4.- Laudo respecto de la inexistencia o no de la huelga, o bien, la licitud o ilicitud de la misma, con las consecuencias señaladas en la Ley Federal del Trabajo.

Actividad 12.

1.- Explique por qué es prioritario el acercamiento a las autoridades laborales para la resolución de conflictos.

13.- El sindicalismo.

El Derecho Sindical tiene como fin el regular las asociaciones de trabajadores y ha tenido un avance de gran consideración en el transcurso del tiempo por la lucha constante y sin descanso de los trabajadores que soportaron las limitantes de su unión. Hoy, el sindicalismo es tema de estudio para participar en obras que despiertan en los trabajadores el ánimo por conseguir mejores condiciones en sus áreas de acción.

A partir de la revolución industrial es que el trabajo conjunto por un empleo digno toma mayor magnitud. Como resultado de la búsqueda cada vez mayor de lucro, por parte de los industriales, la intención de reducir los costos y, en general, el uso de herramientas industriales que redujeron la participación humana, nace la intención de los trabajadores para unir esfuerzos y mejorar las condiciones salariales, jornadas laborales más cortas y, por supuesto, lograr un estado de equilibrio y seguridad entre la clase. Sin embargo, por el uso constante de violencia que afectaba los centros de trabajo y las herramientas, las agrupaciones fueron prohibidas y, en ciertas legislaciones, consideradas como delito; además de que el Estado no consideraba necesario el promoverlas pues bastaba con el régimen individualista de protección que ya existía.

Al avance del tiempo, las coaliciones o sindicatos no fueron legislados, pero se toleraron y a finales del siglo XIX inicia su regulación, como lo vimos en el tema de historia del derecho laboral.

13.1. Los sindicatos en el plano internacional.

Se dio la idea general de las agrupaciones de trabajadores en el punto anterior, indicando en su naturaleza, la necesidad de constituirse como tal en la intención por lograr sus fines.

A nivel mundial, las formas de organización han sido tal que en muchas etapas históricas fueron prohibidas, consideradas delito y, al avance, toleradas, como se mencionó en los primeros temas, y esta obra, aunque corresponde a las historias de cada territorio, no son ajenas y sí consideradas importantes para el sindicalismo internacional.

En su trabajo, Los Desafíos del sindicalismo en los inicios del siglo XXI, Patricio Frías Fernández, destaca las características del Sindicalismo en Chile, pero, por el uso del lenguaje y las formas en que las examina, las considero adecuadas al panorama actual de América y el mundo. Por tanto, se mencionan a continuación:

1.- Cultura laboral.

Uno de los trabajos que ejecutan los grupos sindicales son el desarrollo de ideas y posiciones hacia el exterior en donde se busca lograr que las normas relativas al trabajo sean respetuosas de las necesidades del trabajador y le revistan del interés que bien merece. Lo anterior, por supuesto, en el conocimiento de los eventos en distintos países donde se libraron luchas reivindicatorias contra el Estado y Patrones.

2.- Heterogeneidad de tendencias ideológicas.

El hecho de que las coyunturas varían en época y espacio, de esto último, político y laboral, se entiende que las agrupaciones nacen en atención a ellas y es así que se reconocen distintos tipos de sindicato que, aunque buscan en común la satisfacción de intereses laborales colectivos, las formas de acción varían.

La historia nos entrega la siguiente clasificación:

a) Sindicalismo revolucionario: Nacido de grupos anarquistas. Niega las acciones políticas y considera a la huelga la forma directa para destruir el régimen capitalista.

b) Sindicalismo reformista: Considera al régimen capitalista como ajeno para el cumplimiento de las necesidades de los trabajadores, pero no niega la posible discusión de ideas con el Estado para la mejora de sus condiciones.

c) Sindicalismo cristiano: Tiene origen en la Encíclicas Rerum Novarum de León XIII, en donde se incorporan los principios de caridad y de igualdad en el trabajo.

3.- Fuerte relación Partido / Sindicato.

Con un resultado benéfico en algunos casos y adverso en otros, el sindicalismo recoge una relación constante y trascendental con los partidos políticos de las regiones, lo que da como resultado una mejora en las negociaciones políticas que mejorarán las relaciones de trabajo.

4.- Rol de actor social.

En su constante lucha por reivindicar a los trabajadores y sus derechos, el Sindicato toma un papel importante en la sociedad, en primer lugar, como impulsor de reformas en las leyes de la materia que, eventualmente, lograrán beneficiar a quienes lleguen a iniciar su vida laboral y, segundo, como educador de la vida colectiva del trabajo.

13.2. Evolución del sindicato en México.

1872: Primera asociación de tipo profesional, Círculo de Obreros.

1876: Confederación de Asociaciones de Trabajadores de los Estados Unidos Mexicanos.

1890: Orden Suprema de Empleados Ferrocarrileros Mexicanos.

1911: Confederación Tipográfica de México.

1912: Departamento del Trabajo. Se establece la Casa del Obrero Mundial.

1913: Se conmemora por primera vez en el país el 1°demayo.

1916: Se llevó a cabo en Veracruz un congreso obrero convocado por la Federación de Sindicatos del Distrito Federal. Se forma el organismo sindical obrero llamado

Confederación del Trabajo de la Región Mexicana. Dentro de su estatuto estaba prohibida toda clase de acción política.

1917: Se acuerda convocar a la realización de un Congreso Obrero para formar una organización nacional. La Constitución de 1917 y específicamente en el artículo 123 de la misma, declara que la huelga está dentro del rango constitucional.

1918: Se funda la CROM (Confederación Regional Obrera Mexicana). Se crea el Grupo Marxista Rojo, adicto al Buró Latinoamericano de la II Internacional.

1920: Se fundó la Federación Comunista del Proletariado Nacional y, poco tiempo después, el Partido Comunista de México y la Federación de Juventudes Comunistas, inspirados todos ellos en las ideas marxista-leninistas.

1921: Se organiza la Gran Convención Radical Roja en la ciudad de México, de la que surge: "la Confederación General de Trabajadores de México, sosteniendo los principios del apoliticismo y sindicalismo revolucionario".

13.3. Estado actual y retos del sindicato mexicano.

Entendemos ahora que el proceso de formación de los sindicatos y su crecimiento continuo en relación a derechos colectivos no sólo fue parte de su proceso formativo, sino que se mantiene al transcurso del tiempo.

Hoy, las Asociaciones Sindicales, sea a nivel internacional o en nuestro país, tienen frente a si metas a lograr sin que se dejen de ver como retos.

Los siguientes son sólo algunos de los que el autor considera apropiado comentar.

1.- Reivindicación de los derechos: Si bien es cierto, como se ha descrito en algunos temas, que los derechos obtenidos por la lucha sindical a través de nuestra historia han sido y serán intocables para afectarse, no es posible sentarse a pensar que han sido suficientes, pues en la medida que la nación avanza y se tiende a recoger principios universales y técnicas renovadas para llevar a cabo el trabajo, nuevos elementos en la legislación son necesarias.

2.- Mejora de sus relaciones con la sociedad: En nuestro país no es un hecho oculto la participación de las organizaciones sindicales junto a los partidos políticos; sin embargo, la sociedad en muchos de los casos ha considerado que esto representa una práctica inequitativa en los procesos electorales y que afecta los intereses generales de la población, por lo que resulta prudente el hecho de que los sindicatos refuercen sus actividades de tinte social y busquen un acercamiento hacia los miembros de la comunidad.

3.-Mejora democrática y organizacional en su interior: La libertad sindical tiene implícito un sentido de autosuficiencia sobre su régimen interno, pero también se puede considerar adecuada la apertura a modernos mecanismos de elección de los representantes en la organización y la correcta división de trabajo que no lleve, eventualmente, a la pérdida de los establecimientos en que interactúan.

4.- Unidad y cooperación internacional: En la consciencia de que las normas de trabajo nacionales se adecuan, cada vez con mayor frecuencia, a los estándares internacionales y sus convenios, los sindicatos se ven en la necesidad de mejorar sus relaciones de cooperación con grupos de otras regiones del planeta para intercambiar experiencias y conocimiento sobre la evolución de sus organizaciones.

5.- Sindicalización de grupos ajenos al sentido de organización: Si bien es cierto que nuestra legislación crece y protege a grupos específicos, es apropiado que las organizaciones ya establecidas inicien una labor de educación y formación de otras más que reúnan a trabajadores cuyas relaciones laborales no quedan bien protegidas como individuales, por requerir la fuerza común para mejores condiciones.

Actividad 13.

1.- Reflexione y elabore un texto en donde presente su posición sobre los siguientes pasos en que deben avanzar los sindicatos mexicanos, atendiendo a las normas internacionales de trabajo y los derechos fundamentales, para mejorar sus organizaciones y el logro de sus metas.

14.- Anexos.

1.- Contrato Individual de Trabajo (Elementos y formalidad).

Como lo he explicado en páginas anteriores, la relación laboral abre la subordinación de un sujeto a otro, trabajador y patrón, respectivamente, y esta, para asegurar los derechos y bienestar del primero, se formaliza a través del contrato individual de trabajo.

En esta sección propongo la revisión del documento dicho, sus partes, elementos y características, con un formato general que hará comprenderlo.

Formato

CONTRATO INDIVIDUAL DE TRABAJO POR **TIEMPO INDETERMINADO** (1), que celebran por una parte la persona física/moral (2) denominada _____, representada (3) por el Sr. _____, a quien en lo sucesivo se le denominará para efectos de este contrato como "EL PATRÓN" (4), y por la otra el Sr. _____, a quien se denominará como "EL TRABAJADOR" (5); quienes están conformes en sujetarse a las cláusulas (6) que más adelante se señalarán, así como en las siguientes

DECLARACIONES (7)

I.   El Patrón manifiesta ser persona física/moral legalmente constituida (8) conforme a las leyes, con la razón social (9) _____ y con domicilio ubicado en _____, de la ciudad de _____.

II.   El trabajador, declara llamarse como ha quedado escrito, de _____ años de edad, sexo _____, estado civil _____ y con domicilio ubicado en_____, de la ciudad de _____. (10)

CLAUSULAS

PRIMERA. El presente contrato lo celebran las partes por tiempo indeterminado, de conformidad con lo que establece la Ley (11).

SEGUNDA. El trabajador prestará sus servicios al patrón con el puesto de (12) _____ en el domicilio del patrón antes citado, y percibirá como salario (13) la cantidad de $ _____ (letra_____).

TERCERA. Las partes convienen que el trabajador Sr. _____ prestará sus servicios al patrón los días (14) _____, en un horario de (15) _____.

CUARTA. Las partes convienen en que el día de descanso semanal del trabajador será el o los días_____ de cada semana (16).

QUINTA. Las partes, convienen en que el salario que percibirá el trabajador, será pagado en moneda de curso legal.

SEXTA. Son Días de descanso obligatorio el primero de enero, primer lunes de febrero en conmemoración al 5 de febrero, el tercer lunes de marzo en conmemoración al 21 de marzo, el 1o de mayo, el 16 de septiembre, tercer lunes de noviembre en conmemoración al 20 de noviembre, 1o de diciembre de cada seis años, cuando corresponda a la transmisión del PEF, 25 de diciembre, y los días que sean determinados por las Comisiones Electorales Estatales o Federales para periodos de Elecciones, con pago de salario íntegro cuando correspondan dentro del periodo de contratación (17).

SEPTIMA. El trabajador, al cumplir un año de servicio o fracción de este al termino del contrato de trabajo que hoy se suscribe tendrá derecho al pago de seis días de vacaciones o fracción de estas en el caso citado anteriormente, así como al pago del 25% por concepto de Prima Vacacional, de conformidad con lo establecido por los diversos 76,77 y relativos de la ley laboral (18).

OCTAVA. Anualmente o en fracción de éste, el trabajador tendrá derecho al pago de 15 días de Aguinaldo o a fracción de éste por el tiempo prestado, de conformidad con lo que establece el artículo 87 de la Ley del Trabajo (19).

NOVENA. El empleado se obliga en términos de lo establecido por el artículo 134 de la Ley a someterse a todos los reconocimientos y exámenes médicos que el Patrón indique (20)

DECIMA. El presente contrato obliga a las partes a lo expresamente pactado, conforme a lo que señala al diverso 31 de la Ley (21).

DECIMA PRIMERA. El trabajador se obliga a observar y respetar las disposiciones del reglamento interior del trabajo que existe en la Empresa, so pena de incurrir en alguna de las causales establecidas por la Ley (22)

DECIMA SEGUNDA. El trabajador se obliga a acatar todas y cada una de las disposiciones respecto a la capacitación y adiestramiento, planes y programas que para el efecto tenga la Empresa, de conformidad por lo establecido por la Ley (23).

DECIMA TERCERA. El trabajador se obliga a acatar las disposiciones de seguridad e higiene, que se llevan a efecto en la Empresa, en los términos de la Ley (24).

DECIMA CUARTA. Lo no previsto en este contrato se regirá por todas y cada una de las disposiciones de la Ley Federal del Trabajo (25).

DECIMA QUINTA. Se reconoce expresamente que el presente contrato se celebra por tiempo indeterminado.

Leído que fue el presente contrato por las partes firman (26) al margen en la primera y al calce para constancia y aceptación, ante la presencia de dos testigos a los días _____ de _____ de _____.

TRABAJADOR.
PATRON.   _____

_____

TESTIGO.
TESTIGO.   _____

_____

Comentarios:

1.- Para iniciar la relación laboral es preciso que se indique el tipo de contrato celebrado en tal documento, pueden ser por obra determinada, tiempo determinado, por temporada o por tiempo indeterminado, de acuerdo al artículo 35 de la Ley Federal del Trabajo, en el que el último caso puede estipularse un periodo de prueba o capacitación inicial.

Es obligatorio indicar el dato del párrafo anterior, en caso contrario se reputará como indeterminado.

2.- En la relación laboral, el patrón puede materializarse en una persona física o moral (empresas).

3.- Con apoyo de la Representación como figura jurídica, el patrón puede llevar a cabo la formalización de la relación laboral; en esta, un sujeto lleva a cabo por otro las actuaciones que se le soliciten.

4.- El patrón toma esta denominación ya que solicita a uno o más sujetos para que realicen a su favor bajo subordinación diversas funciones, de acuerdo a lo estipulado en el contrato de trabajo, y a cambio de una remuneración.

5.- Persona que realiza funciones para otro mediante el pago de un salario o sueldo.

6.- Las cláusulas son todas las disposiciones y condiciones que se integran al documento que se constituye en contrato laboral y que se refieren a la actividad que habrá de llevarse por el trabajador, así como lo que el patrón debe realizar.

7.- Una declaración es la manifestación que se hace sobre un punto o asunto en concreto. En este apartado, las partes mencionan datos que les son propios.

8.- La Constitución legal de una empresa debe darse de acuerdo a las normas de carácter mercantil y, al momento de otorgarse el beneplácito del Estado, la persona moral en cuestión expande sus posibilidades de actuación, sin más restricciones que las que la ley marca para el objeto y procesos del comercio.

9.- La razón social es la que, conforme a la ley mercantil, se forma con el nombre de uno o más socios y que se diferencia de la denominación. Las sociedades anónimas no operarán con razón social.

10.- Fundamentado en la fracción I del artículo 25 de la Ley Federal del Trabajo, es obligatorio que los contratos de trabajo tengan incluidos datos del trabajador como los que vemos en nuestro formato para la pena identificación del mismo.

11.- Como mencionamos en el primer punto de esta sección, el contrato debe contener el tipo de qué trata, de entre los que la ley permite, bajo la posibilidad de que se convierta en indeterminado si se omite.

12.- El puesto define las funciones que debe llevar a cabo el trabajador y, en protección a sus derechos laborales, este debe indicarse en el contrato.

13.- Desde las definiciones de relación y contrato laboral encontramos la remuneración como elemento esencial de los mismos por ser el beneficio que obtiene un sujeto por el empeño puesto en sus acciones a favor de la empresa; además, el artículo quinto constitucional incluye la determinación de no prestar ningún tipo de trabajo en forma gratuita si no son los que marcan las leyes en beneficio del Estado.

14.- La ley Federal del Trabajo indica en su texto que debe indicarse en el contrato los días en que el trabajador podrá prestar su servicio, siendo seis el total por semana.

15.- Para la realización de las labores convenidas en el documento, el patrón y trabajador deben integrar las horas que este debe prestar sus servicios durante la jornada, pudiendo ser de tres tipos de acuerdo a la Ley, como lo son Diurna, Nocturna o Mixta.

16.- A beneficio del trabajador e indirectamente del patrón, se tiene como obligación indicar un día semanal para el descanso del primero, cuyo fin es el restablecimiento de sus fueras y reposición de su persona en lo físico y psicológico.

17.- Todos los Estados cuentan con un calendario que se compone de celebraciones distintas de acuerdo a los eventos históricos que marcaron sus territorios y estos son, en forma obligatoria, de descanso obligatorio para la asistencia y disfrute de las celebraciones respectivas.

18.- Las vacaciones se efectúan para asegurar el descanso continuo y, al igual que el semanal, la reposición del trabajador para que una vez que regrese a sus labores puesta llevarlas a cabo con la fuerza y calidad en que se esperan.

La ley marca en principio seis días por un año trabajado aumentando de acuerdo al avance de los años dentro de la relación laboral del trabajador.

19.- Una de las prestaciones más importantes del derecho mexicano es el aguinaldo, del que disponen los trabajadores a más tardar el 20 de diciembre de cada año y que corresponde a 15 días de salario por el mismo periodo o su equivalente.

20.- En la relación laboral, tanto trabajador como patrón, tienen ciertos derechos y obligaciones que le dan fuerza y calidad. En este punto es prioritario, a favor principalmente del empleador, que el subordinado se obligue y efectúe todos los exámenes médicos necesarios para determinar su buena salud y, por consecuencia, evitarse daños o malestares que pudieran afectarle a cualquier plazo.

21.- Todo lo contenido en el contrato o relación laboral es obligatorio para las partes de los mismos, pudiendo ser sujetos a las consecuencias que se produzcan en caso contrario.

22.- El reglamento interior de trabajo es un compendio de distintas reglas que buscan la armonía y buen funcionamiento de los procesos dentro de la actividad laboral. Los trabajadores, al ingresar a los establecimientos, están obligados a cumplir con lo anterior.

23.- La capacitación y el Adiestramiento son conceptos distintos y en los que se busca el crecimiento en el sujeto de los conocimientos sobre los procesos y actuaciones dentro de la relación laboral, lo que tendrá como resultado un nivel mayor de productividad.

La ley indica las bases para lo expuesto en el párrafo anterior y es obligación del trabajador subordinarse a toda norma que las contenga.

24.- La seguridad y la higiene pretenden que el desarrollo de las funciones del trabajador se cumpla sin importar peligro; por ello, este debe cumplir con lo establecido para tal efecto.

25.- A nivel Constitucional, es el artículo 123 encargado de regular las relaciones laborales. Su contenido es dividido en dos apartados, de los que resultan distintos dispositivos jurídicos; en el caso del A, la Ley Federal del Trabajo es el ordenamiento reglamentario y los elementos que rodean a los sujetos de la materia, sus procesos y vinculaciones se encuentran subordinados a ella.

A continuación, el texto íntegro de dos artículos de la ley que se refieren al contrato de trabajo:

Artículo 24.- Las condiciones de trabajo deben hacerse constar por escrito cuando no existan contratos colectivos aplicables. Se harán dos ejemplares, por lo menos, de los cuales quedará uno en poder de cada parte.

Artículo 25.- El escrito en que consten las condiciones de trabajo deberá contener:

I. Nombre, nacionalidad, edad, sexo, estado civil, Clave Única de Registro de Población, Registro Federal de Contribuyentes y domicilio del trabajador y del patrón;

II. Si la relación de trabajo es para obra o tiempo determinado, por temporada, de capacitación inicial o por tiempo indeterminado y, en su caso, si está sujeta a un periodo de prueba;

III. El servicio o servicios que deban prestarse, los que se determinarán con la mayor precisión posible;

IV. El lugar o los lugares donde deba prestarse el trabajo;

V. La duración de la jornada;

VI. La forma y el monto del salario;

VII. El día y el lugar de pago del salario;

VIII. La indicación de que el trabajador será capacitado o adiestrado en los términos de los planes y programas establecidos o que se establezcan en la empresa, conforme a lo dispuesto en esta Ley; y

IX. Otras condiciones de trabajo, tales como días de descanso, vacaciones y demás que convengan el trabajador y el patrón.

2.- Contrato Colectivo de Trabajo (Elementos y formalidad).

El contrato colectivo de trabajo, de acuerdo a nuestra legislación, es aquel que se celebra entre uno o varios sindicatos de trabajadores con uno o más patrones o sindicatos de estos, bajo riesgo de huelga en caso de negativa.

Las reglas para la celebración las encontramos en la ley federal del trabajo y en este apartado expondré los elementos y características del mismo.

En primer lugar, es preciso indicar que tanto en los contratos individuales como en los colectivos de trabajo existen elementos que aseguran su origen por principio general, estos son:

Sujetos: En derecho laboral, el Trabajador y el Patrón, ya definidos.

Consentimiento: Entendido como la libre manifestación de la voluntad que permite entender la aceptación de un acto.

Objeto: Es aquella situación sobre la que recae la obligación, como es de dar, de hacer o no hacer.

Forma: Manera en que se lleva a cabo el contrato, pudiendo ser tácita o escrita.

Ahora bien, un contrato de carácter colectivo, de acuerdo al artículo 391 de la Ley Federal del Trabajo debe contener:

I. Los nombres y domicilios de los contratantes: Clausulas declaratorias de los sujetos que participan en el contrato, como pueden serlo el o los sindicatos y el o los patrones.

II. Las empresas y establecimientos que abarque: Lugares en que y a favor de quien debe subordinarse el conjunto de trabajadores.

III. Su duración o la expresión de ser por tiempo indeterminado o para obra determinada: Manifestación del espacio temporal en que habrán de llevarse las actividades.

IV. Las jornadas de trabajo: Horas y días de labor de trabajadores.

V. Los días de descanso y vacaciones: Reposo semanal y continuo de los trabajadores.

VI. El monto de los salarios: Remuneración de los trabajadores por el trabajo efectuado.

VII. Las clausulas relativas a la capacitación o adiestramiento de los trabajadores en la empresa o establecimientos que comprenda: Maneras en que habrán de desarrollarse las actividades tendientes al incremento de las habilidades y capacidades de los trabajadores.

VIII. Disposiciones sobre la capacitación o adiestramiento inicial que se deba impartir a quienes vayan a ingresar a laborar a la empresa o establecimiento: Ajuste del conocimiento de nuevos empleados sobre los procesos laborales.

IX. Las bases sobre la integración y funcionamiento de las comisiones que deban integrarse de acuerdo con esta ley: Cuando resulte necesario, la creación de grupos de trabajo para favorecer los derechos grupales de los trabajadores.

X. Las demás estipulaciones que convengan las partes: Todo aquello que genere un ambiente de equidad y justicia para los miembros del sindicato y la empresa a quien se subordinan.

3.- Glosario

A

Abandonar: La renuncia voluntaria a un bien o un derecho.

Abandono del proceso: Deriva de la falta de actividad dentro de un proceso durante el tiempo que la legislación en la materia marca para tal efecto.

Abandono de trabajo: Acción de no atender las obligaciones que el empleado contrae, como lo es, en concreto, su falta de presencia en el centro laboral.

Abogado: Persona que se presenta a juicio a modo de representante de una de las partes.

Abuso: Se le llama al uso de una función, poder o facultad sin límite, equidad o fuera de la ley.

Accidente de trabajo: Es aquel hecho involuntario ocurrido dentro del centro de trabajo, cerca o fuera de este, de acuerdo a las reglas de la Ley de Trabajo, que trastoca la actividad del trabajador y el patrón, produciendo en el primero una lesión o daño.

Acción disciplinaria: Se dispone contra el agente que realiza una actividad o produce un hecho que contraría sus normas de comportamiento e implica una sanción por la misma.

Acta constitutiva: Es el documento que se realiza para acreditar y dar fe sobre la creación y nacimiento de una sociedad, asociación o agrupación.

Acto bilateral: Manifestación de la voluntad de dos o más personas que guardan derechos y obligaciones recíprocos.

Apoderado: Aquel que recibe un mandato para actuar a favor de otro en ciertos casos.

Arbitraje: Método alterno en donde el tercero fija la posición final que considera como la adecuada para la resolución del conflicto.

Asociación: Cuando varios individuos convinieren en reunirse, de manera que no sea enteramente transitoria, para realizar un fin común que no esté prohibido por la ley y que no tenga carácter enteramente económico.

Autoridad: Aquella que tiene poder sobre otro u otros en cierto territorio y donde los sujetos se subordinan.

C

Candidato: Aquel que aspira a ocupar un cargo público y que se presenta a la elección de acuerdo a las reglas del proceso.

Capacidad: Quien tiene habilidad o aptitud para realizar algo.

Capacitación: Actividad tendiente a ocasionar que una persona sea capaz de realizar alguna actividad en particular o tenga competencia para actuar de un modo en específico.

Capital social: Capital que los socios pertenecientes a una agrupación aportan para el logro de los fines determinados en su creación.

Cargo: Otorgamiento de responsabilidad a alguien.

Certificación: A través de esta, la autoridad da fe de algún hecho, documento o acto realizado.

Citación: Aquella a través de la cual la autoridad hace llamar a alguien para su presentación.

Coalición: Reunión de diversas voluntades para actuar en conjunto para un fin específico.

Conciliación: Método alterno de solución de conflictos en que dos partes resuelven una situación con apoyo de un tercero imparcial.

Conflictos: Situación que se presenta, derivada de un choque de intereses entre dos o más personas.

Consejo: Argumento dirigido que busca ser valorado como guía en la toma de decisión.

Contrato: Manifestación de voluntades de dos o más personas para generar un vínculo obligatorio entre las mismas.

Convenio: Es el acuerdo de voluntades para modificar, extinguir o crear obligaciones entre varios.

Condonación: La renuncia a un derecho que se tiene sobre otro para liberarlo de una obligación.

Consentimiento Expreso: El que se realiza en forma verbal, escrito o cualquier otro medio que haga conocer la libre voluntad de quien lo da.

Consentimiento Tácito: Se da cuando suceden hechos o actos que hagan conocer la voluntad del sujeto.

Contratos: Son convenios que producen o transfieren las obligaciones y derechos.

Convenio: Acuerdo de dos o más personas para crear, transferir, modificar o extinguir obligaciones.

Cuota: Cantidad fija con la que se ha de cubrir una obligación o destinada a la permisión de una actividad.

D

Debido proceso: Es una garantía constitucional que implica y manda el correcto desarrollo de los procesos que la autoridad lleva a cabo, en beneficio de quien lo solicite.

Delito: Acto realizado que contraría la norma penal y que produce consecuencias jurídicas como son la sanción o pena.

Demanda: Solicitud por escrito que se realiza a la autoridad con el fin de que se le asista en la restitución o protección de un derecho.

Demandado: Aquel contra quien se presenta la demanda y quien presuntamente está obligado con otro.

Demandante: Sujeto que presenta la demanda ante la autoridad exigiendo la protección de la misma frente a un hecho o acto que afecta sus intereses.

Dependencia: Situación en que el sujeto se encuentra en donde sus objetivos y resultados se supeditan la interacción con otro u otros. Puede ser positiva cuando esto produce bienestar por igual y negativa si se mantiene sólo para uno o algunos.

Derecho: Conjunto de normas jurídicas que guían el comportamiento humano, buscando siempre por el bien común y bienestar social.

Derechohabiente: El titular de un derecho.

Derecho de autor: Aquel que protege a los creadores de obras, desde su creación y hasta la explotación de las mismas.

Derecho fundamental: Norma que protege al ser humano y le dota de seguridad jurídica por razón de serlo, incluida principalmente en la Constitución.

Derechos humanos: Derechos que tienen las personas por el sólo hecho de serlo y que son protegidos en forma universal.

Derecho laboral: Conjunto de normas que regulan la actividad obrero-patronal, vigilando por las autoridades que la ley involucra.

Despido: Determinación unilateral de la obligación laboral nacida de un contrato.

Dictamen: Juicio que una autoridad realiza sobre un asunto particular.

Discapacidad: Es la limitante que tiene el sujeto, permanente o no, en su capacidad motriz o intelectual.

Disciplina: Comportamiento guiado por normas o reglas establecidas previamente y que tiene como objetivo generar un clima de orden.

Disciplina: Principios establecidos como un conjunto que hacen las veces de guía de comportamiento.

E

Embargo: A través del cual un acreedor logra hacer cumplir la obligación no cubierta de su deudor, por la disposición de los bienes de este, declarado por la autoridad judicial.

Emplazamiento: Citación que se hace a alguien que debe comparecer ante la autoridad a presenciar una diligencia.

Empleado: Aquel que se encuentra en subordinación respecto a otro para realizar labores establecidas en el contrato laboral.

Empleador: Sujeto que mantiene autoridad frente a otro para la realización de actividades a las que se obliga en el contrato de trabajo.

Empresa: Persona moral. Se crea mediante el cumplimiento de las reglas correspondientes en materia mercantil y tiene como objetivo lograr beneficios económicos a través de actividades con fines de lucro.

F

Falsear: Delito de falsedad.

Falsificación: Alterar un documento u objeto para hacerlo pasar por verdadero.

Fuerza: Violencia utilizada con el fin de obtener algo.

Fuerza de trabajo: Es la capacidad con la que cuentan los humanos y de la que nacen los servicios o productos que la sociedad o sus miembros requieren.

H

Habitación: Da, a quien tiene este derecho, la facultad de ocupar gratuitamente, en casa ajena, las piezas necesarias para sí y para las personas de su familia. Art1050 CCF

Horario de trabajo: Tiempo en que un sujeto cumple las actividades a las que se obliga en el contrato laboral.

Horas extras: Prolongación de tiempo de las actividades laborales prestadas a un patrón.

Horas hábiles: Espacio de tiempo que se ocupa a la realización de ciertas actividades.

Huelga: Suspensión colectiva de las actividades laborales por parte de los trabajadores, previa reunión de requisitos establecidos en la ley laboral y con registro ante la autoridad que corresponde.

J

Jerarquización: Implica el agrupamiento y acomodo de algo para hacer notar la relevancia en sus características, frente a otras.

Jefe: Aquel que guarda el poder para ejercerlo sobre otros.

Jubilado: Persona que se encuentra en el estado de jubilación.

L

Libertad de asociación: Garantía con que gozan las personas para reunirse en grupos formulando un objetivo común y planes para realizarlo. En asuntos de índole política, este derecho sólo les corresponde a los ciudadanos y no a los extranjeros.

Litigio: El conflicto cuando es atendido por una autoridad jurisdiccional.

M

Mediación: Método alterno donde un tercero facilita la comunicación entre las partes sin que pueda intervenir más allá de eso.

Medidas de prevención: Conjunto de acciones integradas y en vinculación constante que buscan evitar acciones contrarias al desarrollo eficaz del proceso de enseñanza-aprendizaje o que crean un ambiente negativo en el mismo o en el centro educativo.

O

Obligación: Vinculo que une a dos o más personas con la facultad de uno (acreedor) de solicitar a otro (deudor) lo que le corresponde.

P

Pago o cumplimiento: Entrega de la cosa o cantidad debida, o la prestación del servicio que se hubiere prometido.

Participación: Tomar acción en la toma de decisiones o actividades.

Peso de la prueba: Obligación de demostrar lo que se afirma.

Pliego de condiciones: Documento con una lista de cláusulas que habrán de ser cumplidas por quien se nombra.

Pliego de posiciones: Documento que contiene una serie de afirmaciones que corresponde a otro resolver en la audiencia respectiva.

Q

Queja: Llamamiento de atención a la autoridad adecuada sobre un hecho que a la vista del quejoso es inadecuado y contrario a lo establecido o que siendo correcto no cumple con las formas debidas.

R

Ratificación: Momento en que se da por consentido un suceso antes ocurrido o un dicho ya declarado.

Reglamento: Conjunto de reglas o principios establecidos dentro de un espacio determinado con el fin de conducir la actividad humana en orden.

Reincidencia: Acción de ejecutar un hecho por más de una ocasión. En su sentido negativo conlleva una sanción, previo aviso.

S

Salario: Pago que se hace al trabajador por sus servicios prestados.

Salario mínimo: Es el pago que se establece en la ley que puede ser la cantidad más baja que debe otorgarse.

Seguridad en el trabajo: Obligación de los empleadores para garantizar que las actividades realizadas en el centro de labor han de desarrollarse sin peligro para los trabajadores.

Seguridad social: Conjunto de elementos y situaciones que han de otorgarle paz y bienestar a la sociedad, por parte del Estado.

Sentencia: Resolución sobre algún asunto de una autoridad facultada para ello.

Subdelegado: El que toma las funciones del delegado cuando este no se encuentra y que en caso contrario sirve directamente para él.

4.- Cuestionario

1. ¿Cómo se divide el artículo 123 constitucional?

2 apartados, A que regula las relaciones laborales entre trabajadores y patrones en general, B que regula las relaciones laborales burocráticas.

2. ¿Cuántas fracciones consta cada apartado?

Apartado A contiene XXXI facciones, apartado B contiene XIV fracciones.

3. ¿Ley secundaria del apartado A?

Ley Federal del Trabajo.

4. ¿Ley secundaria del apartado B?

Ley Federal de los Trabajadores al Servicio del Estado.

5. ¿De qué año es la ley federal del trabajo actual?

1 de abril 1970.

6. ¿Qué es la jornada de trabajo?

Es el tiempo durante el cual el trabajador está a disposición del patrón para prestar su trabajo. (Artículo 59 L.F.T.)

7. ¿Cuántos tipos de jornada de trabajo existen?

Diurna, nocturna y mixta.

8. ¿En qué consiste la jornada nocturna?

Es la comprendida entre las veinte y las seis horas. (Artículo 60 L.F.T.)

9. ¿En qué consiste la jornada mixta?

Es la que comprende periodos de tiempo de las jornadas diurnas y nocturnas, siempre que el periodo nocturno sea menor de las tres horas y media, pues si comprende tres horas y media o más se reputara jornada nocturna. (Artículo 60 L.F.T)

10. ¿En qué consiste la jornada diurna?

Es la comprendida entre las seis y las veinte horas. (Artículo 60 L.F.T)

11. ¿Qué pasa si se excede la jornada mixta de tres y media horas de la nocturna?

Se reputa jornada nocturna.

12. ¿Menciona me un concepto de trabajador?

Es la persona física que presta a otra, física o moral, un trabajo personal subordinado. (Artículo 8 L.F.T)

13. ¿Cuantos tipos de trabajadores existen?

Ordinarios y de confianza.

14. ¿Cuál es el trabajador intermediario?

Es la persona que contrata o interviene en la contratación de otra u otras para que presten servicios a un patrón.

15. ¿Menciona un concepto de empresa?

Persona jurídica que se crea con intenciones de lucro regida por el derecho mercantil.

16. ¿Cuántos tipos de empresas existen?

Públicas y privadas.

17. ¿Qué es la subordinación?

Relación que tiene un poder de mando con otro que está bajo su determinación en el desarrollo de actividades.

18. ¿Menciona un concepto de patrón?

Es la persona física o moral que utiliza los servicios de uno o varios trabajadores. (Artículo 10 L.F.T)

19. ¿Concepto de relación de trabajo?

Cualquiera que sea el acto que le de origen, la prestación de un servicio de un trabajo personal subordinado a una persona, mediante el pago de un salario. (Artículo 20 L.F.T.)

20. ¿Cuándo se inicia la relación de trabajo?

A partir de la contratación.

21. ¿Cuáles son los elementos, en la relación de trabajo?

Trabajador, patrón, la prestación del trabajo y el pago de salario.

22. ¿Cómo puede ser la contratación del trabajador?

Oral o escrita (contrato)

23. ¿Menciona concepto de salario?

Es la retribución que debe pagar el patrón al trabajador por su trabajo. (Artículo 82 L.F.T.)

24. ¿Tipos de salarios que existen?

Salario por unidad de tiempo, por unidad de obra, por comisión o a precio alzado. (Artículo 83 L.F.T)

25. ¿En qué consiste cada tipo de salario?

(L.F.T) Artículo 83.- El salario puede fijarse por unidad de tiempo, por unidad de obra, por comisión, a precio alzado o de cualquier otra manera.

Cuando el salario se fije por unidad de obra, además de especificarse la naturaleza de ésta, se hará constar la cantidad y calidad del material, el estado de la herramienta y útiles que el patrón, en su caso, proporcione para ejecutar la obra, y el tiempo por el que los pondrá a disposición del trabajador, sin que pueda exigir cantidad alguna por concepto del desgaste natural que sufra la herramienta como consecuencia del trabajo.

Artículo 84.- El salario se integra con los pagos hechos en efectivo por cuota diaria, gratificaciones, percepciones, habitación, primas, comisiones, prestaciones en especie y cualquiera otra cantidad o prestación que se entregue al trabajador por su trabajo.

Artículo 85.- El salario debe ser remunerador y nunca menor al fijado como mínimo de acuerdo con las disposiciones de esta Ley. Para fijar el importe del salario se tomarán en consideración la cantidad y calidad del trabajo.

En el salario por unidad de obra, la retribución que se pague será tal, que, para un trabajo normal, en una jornada de ocho horas, dé por resultado el monto del salario mínimo, por lo menos.

Artículo 86.- A trabajo igual, desempeñado en puesto, jornada y condiciones de eficiencia también iguales, debe corresponder salario igual.

26. ¿Cuáles son los elementos de existencia de la relación de trabajo?

Patrón, un contrato, la empresa, subordinación.

27. ¿Qué son las vacaciones?

Periodo de descanso por cada año laborado al que tiene derecho el trabajador con el fin de encontrar descanso físico y mental y el disfrute de la vida familiar y esparcimiento.

28. ¿Qué enuncia la Ley Federal del Trabajo sobre las vacaciones?

Los trabajadores que tengan más de un año de servicios disfrutarán de un periodo anual de vacaciones pagadas, que en ningún caso podrán ser inferior a seis días laborales, hasta llegar a doce, por cada año subsecuente de servicios. Después del cuarto año, el periodo de vacaciones aumentara en dos días por cada cinco de servicios. (Artículo 76 L.F.T)

29. ¿Qué es la prima vacacional?

Aporte económico que recibe el trabajador con el objetivo de que goce de mayor recurso en dinero para el disfrute de sus vacaciones.

30. ¿Cómo se paga la prima vacacional?

Los trabajadores tendrán derecho a una prima no menor de 25% sobre los salarios que les corresponda durante el periodo de vacaciones. (Artículo 80 L.F.T.)

31. ¿Qué es la prima dominical?

Ingreso que obtiene el trabajador por laborar durante las horas del día domingo.

32. ¿Cómo se paga la prima dominical?

Un 25% por lo menos, sobre el salario de los días ordinarios de trabajo. (Artículo 71 L.F.T. párrafo II)

33. Días de descanso.

Por cada seis días de trabajo disfrutará el trabajador de un día de descanso, por lo menos, con goce de salario íntegro. (Artículo 69 L.F.T)

34. Día de descanso obligatorio.

Son fechas especiales señaladas por la ley en que el trabajador está autorizado para dejar de concurrir a sus labores, con el fin de conmemorar acontecimientos. La ley contempla los días de descanso obligatorios en el Artículo 74 L.F.T.

35. ¿Qué son las horas extras?

Extensión de la jornada laboral del trabajador.

36. ¿Cómo se pagan las horas extras?

Se pagarán con un ciento por ciento más del salario que corresponda a las horas de la jornada. (Artículo 67 L.F.T. párrafo II)

37. ¿En qué caso se está obligado el trabajador a laborar horas extras?

En los casos de siniestro o riesgo inminente en que peligre la vida del trabajador, de sus compañeros o del patrón, o la existencia misma de la empresa, la jornada de trabajo podrá prolongarse por el tiempo estrictamente indispensable para evitar esos males. (Artículo 65 L.F.T.). Podrá también prolongarse la jornada de trabajo por circunstancias extraordinarias, sin exceder nunca de tres horas diarias ni de tres veces en una semana. (Artículo 66 L.F.T.).

38. ¿Cuántos días son como obligatorios para el trabajador, para tomarse de vacaciones?

Los trabajadores que tengan más de un año de servicios disfrutarán de un período anual de vacaciones pagadas, que en ningún caso podrá ser inferior a seis días laborables, y que aumentará en dos días laborables, hasta llegar a doce, por cada año subsecuente de servicios.

Después del cuarto año, el período de vacaciones aumentará en dos días por cada cinco de servicios. (Artículo 76 L.F.T.)

Los trabajadores deberán disfrutar en forma continua seis días de vacaciones, por lo menos. (Artículo 78 L.F.T)

39. ¿Puede un trabajador cambiar sus vacaciones por vales o por algún tipo de almoneda?

Las vacaciones no podrán compensarse con una remuneración. (Artículo 79 L.F.T)

40. ¿Cuáles son los días de descanso obligatorio?

Artículo 74 L.F.T. son días de descanso obligatorios:

I. El 1o. de enero; II. El primer lunes de febrero en conmemoración del 5 de febrero; III. El tercer lunes de marzo en conmemoración del 21 de marzo; IV. El 1o. de mayo; V. El 16 de septiembre; VI. El tercer lunes de noviembre en conmemoración del 20 de noviembre; VII. El 1o. de diciembre de cada seis años, cuando corresponda a la transmisión del Poder Ejecutivo Federal; VIII. El 25 de diciembre, y IX. El que determinen las leyes federales y locales electorales, en el caso de elecciones ordinarias, para efectuar la jornada electoral.

41. En caso de laborarlos, ¿cómo se paga?

El patrón pagara al trabajador, independientemente del salario que le corresponda por el descanso, un salario doble por el servicio prestado. (Artículo 73 L.F.T.)

42. ¿Concepto de aguinaldo?

Es una prestación anual que deberá pagarse antes del día veinte de diciembre y equivale a quince días de salario como mínimo, para los trabajadores que ya han cumplido un año de servicio o fracción.

43. ¿A cuánto equivale el aguinaldo?

El aguinaldo equivale a 15 días de salario por lo menos. Los que no hayan cumplido el año de servicios, independientemente de que se encuentre laborando o no en la fecha de la liquidación del aguinaldo, tendrá derecho a que se les pague la parte proporcional del mismo, conforme al tiempo que hubieren trabajado, cualquiera que fuere este. (Artículo 87 L.F.T.)

44. ¿Hasta qué fecha tiene el patrón para pagar el aguinaldo?

Antes del día 20 de diciembre.

45. ¿Qué es un Sindicato?

Agrupación de trabajadores o patrones que se crea con el fin de proteger intereses y derechos colectivos.

46. ¿A qué se le denomina Contrato Colectivo de Trabajo?

Convenio que se celebra entre uno o varios sindicatos de trabajadores o patrones y en el que se establecen las condiciones con las que se habrá de prestar el trabajo.

47. ¿Cuáles son las 9 instituciones o conceptos que integran el Derecho Sindical?

Coalición, Sindicatos, Federaciones y Confederaciones, Contrato Colectivo de Trabajo, Contrato Ley u Obligatorio, Reglamento Interior de trabajo, Modificación Colectiva de las

Condiciones de Trabajo, Suspensión Colectiva de las Relaciones de Trabajo, Terminación colectiva de las Relaciones de Trabajo, Huelga.

48. ¿Cuáles son los 3 objetivos principales que persigue el Derecho Colectivo de Trabajo?

1: Nivelar las fuerzas sociales mediante el reconocimiento de los organismos que representan a la clase trabajadora y patronal.

2: Establecer normas adaptadas a las situaciones particulares de cada centro de trabajo.

3: Que el Estado reconozca la acción de autodefensa de las organizaciones de trabajadores.

49. ¿Qué es un Conflicto de Trabajo?

Conflictos que surgen cuando los sujetos de la relación laboral no cumplen con sus obligaciones.

50. ¿Cuál es el concepto jurídico de Autoridad?

Órgano con autoridad para intervenir en un conflicto para darle solución.

51. Menciona las facultades que tienen las Juntas de Conciliación.

Actuar como instancia conciliatoria protestativa para los trabajadores y patrones.

Actuar como Juntas de Conciliación y Arbitraje para conocer y resolver los conflictos que tengan por el objeto el cobro de prestaciones.

Las demás que confieran las leyes.

52. ¿Por qué decimos que las juntas están integradas en forma tripartita?

Porque están integradas por 3 representantes, uno de trabajadores, uno de patrones y uno del gobierno.

53. Las Autoridades del Trabajo se clasifican en 2 grupos, ¿cuáles son?

Administrativas y Jurisdiccionales.

54. De acuerdo a su competencia constitucional, las autoridades se dividen en:

Federales y Locales.

55. ¿Cuáles son las facultades de la Procuraduría de la Defensa del Trabajo?

Representar o asesorar a los trabajadores y a sus sindicatos en las cuestiones que se relacionen con la aplicación de las normas de trabajo.

Interponer los recursos ordinarios y extraordinarios procedentes, para la defensa del trabajador o sindicato.

Proponer a las partes interesadas soluciones para el arreglo de sus conflictos.

56. ¿Cómo se encuentra integrada la Comisión Nacional de Salarios Mínimos?

De forma tripartita, por representantes de los trabajadores, de los patrones y del gobierno. Podrá auxiliarse de las comisiones de carácter consultivo.

57. ¿Qué es una Relación Individual de Trabajo?

Es el vínculo que nace para que una persona se subordine a otra para la realización de un trabajo, mediante el pago de un salario.

58. ¿A qué se le llama Contrato Individual de Trabajo?

Documento firmado entre el patrón y el trabajador en donde este se subordina a realizar las actividades laborales que se indiquen en el mismo y el primero al pago de una remuneración, estableciendo condiciones para el desarrollo de la acción.

59. ¿Cuál es el contenido del Contrato Individual del Trabajo?

Nombre, nacionalidad, edad, sexo, estado civil, y domicilios, tanto del trabajador como del patrón.

Si la Relación de Trabajo es por obra, tiempo determinado o tiempo indeterminado.

El servicio o los servicios que deban prestarse.

El lugar o los lugares donde deba prestarse el trabajo.

Duración de la jornada.

La forma y monto del salario.

El día y lugar de pago de salario.

Capacitación y adiestramiento del trabajador.

Otras condiciones de trabajo.

60. ¿Qué entiendes por Condiciones Generales de Trabajo?

Características que debe contener la relación laboral, como lo son el día de descanso, la jornada laboral, vacaciones, salarios, entre otras.

61. ¿Cuál es la finalidad de las Condiciones de Trabajo para el trabajador?

Garantizar la estabilidad en el empleo, la seguridad del trabajador y vida digna del mismo y su familia.

62. ¿Cuál es la finalidad de las Condiciones de Trabajo para el patrón?

Que la prestación se realice de manera efectiva, obteniendo la producción necesaria.

63. ¿Cuáles son las Contingencias del Contrato de Trabajo?

Modificación de las Condiciones Individuales de Trabajo, Suspensión Temporal de las Relaciones Individuales de Trabajo, Terminación de las Relaciones Individuales de Trabajo, Rescisión de las Relaciones Individuales del Trabajo.

64. ¿Ante quién se hace la solicitud de la Modificación de las Condiciones de Trabajo?

A la Junta de Conciliación y Arbitraje competente.

65. ¿Bajo qué condiciones el trabajador puede solicitar la Modificación de las Condiciones de Trabajo?

El salario no sea remunerador (cuando es inferior al que debiera ganarse).

La jornada de trabajo sea excesiva.

Concurran circunstancias económicas que lo justifiquen, atendiendo al costo de la vida y a la pérdida del poder adquisitivo de la moneda.

66. El patrón, ¿por qué causas económicas podrá solicitar las Modificaciones del Contrato de Trabajo?

Falta de materia prima, Exceso de producción atendiendo a la situación económica del patrón y a las circunstancias del mercado, Incosteabilidad temporal, notoria y manifiesta de la empresa, La falta de recursos económicos o cuando el costo de la vida origine un desequilibrio entre el capital y el trabajo.

67. Menciona por lo menos 3 causas que den origen a la Suspensión de las Relaciones de Trabajo.

La enfermedad contagiosa del trabajador, Incapacidad temporal y La prisión preventiva del trabajador.

68. ¿Cuáles son las causas que produce la Terminación de las Relaciones de Trabajo?

El mutuo consentimiento de las partes, La muerte del trabajador, La terminación de la obra o vencimiento del término o inversión del capital y La incapacidad física o mental o inhabilidad manifiesta del trabajador, que haga imposible la prestación del trabajo.

69. Explica la diferencia entre el termino Rescisión y Terminación de las Relaciones de Trabajo.

La rescisión es la facultad otorgada tanto al trabajador como al patrón para cancelar la Relación de Trabajo y la terminación es la disolución de las relaciones por mutuo acuerdo o debido a que el trabajo fue terminado.

70. Menciona 5 causas que puede invocar el patrón para rescindir las Relaciones de Trabajo.

Desobedecer al patrón o a su representante, Revelar secretos, Cometer actos inmorales en el lugar de trabajo, Tener más de 3 faltas en 30 días, sin permiso o causa justificada y Trabajar en estado de embriaguez o bajo influencia de droga.

71. ¿Cómo se encuentra integrado el Salario?

Cuota diaria, Gratificaciones, Percepciones, Habitación, Primas, Comisiones y Prestaciones.

72. ¿Qué es una huelga para la LFT?

Es la suspensión del trabajo como resultado de una coalición de trabajadores, con fin de obligar al empleador, por este medio de presión, a aceptar sus puntos de vista sobre la cuestión objeto de la controversia.

73. ¿Cuál es el objetivo de irse a huelga?

Reivindicar los derechos que se manifiesta violentados para los trabajadores, equilibrar los factores de producción y, en general, obligar al patrón al cumplimiento del contrato de trabajo.

74. ¿Es verdad que la huelga es causa legal de suspensión de los efectos de las relaciones de trabajo por todo el tiempo que dure?

Sí, está estipulado en el Art. 447 de la LFT.

75. ¿Cuándo la huelga es legalmente inexistente?

Artículo 459. La huelga es legalmente inexistente si:

I. La suspensión del trabajo se realiza por un número de trabajadores menor al fijado en el artículo 451, fracción II;

II. No ha tenido por objeto alguno de los establecidos en el artículo 450; y

III. No se cumplieron los requisitos señalados en el artículo 452.

No podrá declararse la inexistencia de una huelga por causas distintas a las señaladas en las fracciones anteriores.

76. ¿Cuándo termina una huelga?

En el momento del acuerdo entre trabajadores y patrón, o cuando este último cumple las peticiones.

77. ¿Cuáles son los tipos de huelga que existen?

La huelga se divide en: lícita, existente, inexistente, ilícita, imputable al patrón, y huelga por solidaridad.

78. ¿Menciona y describe las fases de una huelga?

Fases:

Nacimiento de la huelga: Cuando se organizan los trabajadores o por medio del sindicato, realizando asambleas donde discuten el problema, llevando a votación la huelga, y es la forma que nace el movimiento de huelga.

Pre huelga: Periodo donde se inicia con la notificación y entrega del aplazamiento de huelga al patrón, aproximadamente dura 6 y 10 días según el caso,

La suspensión del trabajo: La suspensión de labores del trabajo es el único acto al que debe limitarse la huelga.

El incidente de calificación de la huelga: Es cuando se califica como existente o inexistente la huelga, esto mediante una solicitud que se presenta por escrito.

La terminación de la huelga: La huelga se puede dar por terminada cuando lleguen a un acuerdo los huelguistas y el patrón, y cuando el patrón accede a las peticiones de los trabajadores.

79. Accidente de trabajo.

Es aquel hecho involuntario ocurrido dentro del centro de trabajo, cerca o fuera de este, de acuerdo a las reglas de la Ley de Trabajo, que trastoca la actividad del trabajador y el patrón, produciendo en el primero una lesión o daño.

80. Concepto de abandono de trabajo.

Acción de no atender las obligaciones que el empleado contrae, como lo es, en concreto, su falta de presencia en el centro laboral.